Andrea Schwarz

Bleib dem Leben auf der Spur

ANDREA SCHWARZ

Bleib dem Leben auf der Spur

Geschichten von unterwegs

HERDER

FREIBURG · BASEL · WIEN

Für Klaus und Christiane, meinen Bruder und meine Schwester, die im März 1945 auf der Flucht von Ostpreußen gestorben sind. Klaus war damals knapp zwei Jahre alt, Christiane sieben Monate. Wir wissen nicht, wo sie beerdigt worden sind.

Ich kenne euch nicht – und doch seid ihr in meinen Weggeschichten lebendig …

www.herder.de

Umschlagmotiv: © Getty images, München
Autorenfoto: © Martin Neudörfer, Fotostudio FAKE3, Viernheim

Als Bibeltext ist in der Regel zugrunde gelegt:
Die Bibel. Die Heilige Schrift des Alten und des Neuen Bundes. Vollständige deutsche Ausgabe
DIE BIBEL
© Verlag Herder Freiburg im Breisgau 2005

Druck und Bindung: fgb · freiburger graphische betriebe
www.fgb.de

Gedruckt auf umweltfreundlichem, chlor- und säurefrei gebleichtem Papier
Printed in Germany

ISBN 3-451-28830-3

Ich bekenne, ich habe gelebt!
Pablo Neruda

tja
da werd ich also auf einmal
50

und ich schaue zurück
und bin unendlich dankbar
weil es so verrückt
schön war

und das Tollste daran ist
dass ich nach vorne schaue
und darum ahne
dass es verrückt schön bleibt

weil ich gewiss bin:

Er
ist bei uns
alle Tage
bis ans Ende der Welt

mit Gott gehen
das ist die Garantie
für Leben in Fülle

zugesagt!

Lieber Leser, liebe Leserin,

vor ziemlich genau zwanzig Jahren, im Frühsommer 1985, bekam ich einen Brief vom Verlag Herder in Freiburg. Wochen vorher hatte ich ein Manuskript mit Texten von mir hingeschickt, eigentlich ohne große Erwartungen. Meine damalige Aufgabe als Leiterin des BDKJ (Bund der Deutschen Katholischen Jugend) im Erzbistum Freiburg hielt mich ziemlich auf Trab, außerdem war ich frisch verliebt – mir reichte das als Programm vollkommen aus.

Der damalige Lektor schrieb sinngemäß zurück, er könne sich schon vorstellen, dass der Verlag das Büchlein veröffentlichen würde (welches Glück ich damit hatte, wurde mir auch erst später klar!) – aber ob ich vielleicht einen »roten Faden« in die Texte hineinbringen könnte? »Ich solle einen roten Faden in diese Texte hineinbringen hat der Verlag gesagt / haben Sie in Ihrem Leben schon einmal einen roten Faden gefunden? / also bei mir wechselt die Farbe andauernd! / deshalb: ohne Inhaltsverzeichnis« – und dieser »Antworttext« stand dann auch als Vorwort in dem Büchlein »Ich mag Gänseblümchen«, das im Herbst 1985 zum ersten Mal erschien.

Jetzt, zwanzig Jahre später, soll ich für den Verlag ein »Jubiläumsbuch« machen – und ich tu mich irgendwie schwer damit. Mir ist klar, was ich nicht will – kein »best-of-Sammelband« mit einem Querschnitt durch alle Bücher. Aber was dann? Wie nimmt man zwanzig Jahre des eigenen Lebens, in denen man unter anderem Autorin beim Herder Verlag war, am besten in den Blick? Wozu möchte ich den Leser einladen? Was erzähle ich von mir, ohne mich zu sehr in den Vordergrund zu spielen?

Und wenn das Ganze in diesem Jahr auch noch einhergeht mit dem 50. Geburtstag, der ja auch Grund genug ist, um innezuhalten, zurückzuschauen und nach vorne zu blicken, wird ein solches Vorhaben auch nicht gerade einfacher.

Es gibt kein Inhaltsverzeichnis meines Lebens. Ja, es gibt ein paar Daten, aber die sind eigentlich nicht so besonders interessant.

Und ich ertappe mich dabei, dass ich beim Schreiben mal wieder einen roten Faden gesucht habe, wo es unzählig viele bunte Fäden gibt. Es gibt ein paar Grundthemen in meinem Leben, die immer wieder auftauchen, die mich begleiten, mal mehr im Vordergrund, mal mehr im Hintergrund. Aber einen »roten Faden«? Den gibt es immer noch nicht.

Also gut – eigentlich habe ich es ja vor zwanzig Jahren schon gewusst …

Und damit lege ich alle Vorarbeiten zu diesem Buch, die mich bisher überhaupt nicht glücklich gemacht haben, an die Seite und fange noch mal ganz neu an.

Frage an die Autorin: Welche Frage würden Sie am liebsten einmal gestellt bekommen?

Antwort: Mit welchen zehn Wörtern würden Sie Ihr Leben beschreiben?

Und – welche zehn Wörter wären das?

Lassen Sie mich ein wenig nachdenken – Gott, Liebe, Freundschaft, Heimat, Hingabe, Dunkel, Freiheit, Hoffnung, Dankbarkeit, Lebendigkeit.

Es gibt also mal wieder keinen roten Faden, aber immerhin zehn Kapitelüberschriften.

GOTT

Ich würde nie an einen Gott glauben,
der nicht zu tanzen versteht.
FRIEDRICH NIETZSCHE

Er hat mich gesandt,
damit ich den Armen eine gute Nachricht bringe,
damit ich den Gefangenen die Entlassung verkünde
und den Blinden das Augenlicht;
damit ich die Zerschlagenen in Freiheit setze
und ein Gnadenjahr des Herrn ausrufe.
LUKASEVANGELIUM 4,18-19

Wenn du nicht an Gott glaubst –
vielleicht glaubt Gott
an dich?
Tagebuch vom 24. Oktober 1989

Mit sechzehn Jahren war ich vollkommen vom Glauben weg. Und das trotz bester katholischer Kindheit und Pfadfindern und Kaplänen, die es damals noch gab. Ich hatte genug mit mir selbst zu tun, mit dem ersten Verliebt-Sein, der Schule, den beruflichen Plänen. Und bei den Versuchen, mich von zu Hause zu lösen, auf eigenen Beinen zu stehen, ist auch der Glaube erstmal auf der Strecke geblieben.

Eigentlich nicht so besonders verwunderlich. In dem Alter hat man Anderes zu tun. Und wenn Sie mir erzählen wollen, dass Sie mit sechzehn Jahren jeden Sonntag voller Begeisterung im Gottesdienst waren, dann bin ich bereit, sofort den Heiligsprechungsprozess für Sie einzuleiten.

Zu Gott und meinem Glauben und der Kirche habe ich nicht deshalb zurückgefunden, weil ich das so toll fand, sondern weil jemand sagte: »Du, da gibt es einen netten Jugendclub – hast du nicht Lust mitzukommen?«. Und da mein Tanzkurs alles andere als erfolgreich gewesen war, ich gerade in ehrlicher Selbsterkenntnis zugeben musste, dass ich dabei war, mein Jung-Sein erfolgreich zu verschlafen und sofort in den Erwachsenenzustand zu wechseln – und mein Leben nicht so besonders spannend war, trotz Irland-Urlaub und Lesen und Abi-Machen, ging ich halt mal mit.

Dass die Veranstaltung in katholischen Räumen stattfand, bürgte immerhin ein wenig für Seriosität, und so konnte auch mein Vater mich an dem Abend ziehen lassen – mit den notwendigen Ermahnungen versehen und mit meinem Versprechen, dass mich jemand heimbringen würde. Es geschah weder etwas Schlimmes noch etwas Revolutionäres in diesem Jugendclub, man saß beieinander, trank ein Bier, unterhielt sich, diskutierte über Gott und die Welt – aber es war immerhin schon eine andere Welt als diejenige, die ich von zu Hause oder in der Schule bis dahin mitbekommen hatte. Ich fing an, mich ein wenig zu spüren – ich verliebte mich hoffnungslos in einen jungen Mann, der überhaupt nicht zu mir passte, ein anderer verliebte sich in mich und brachte mich jedes Mal treu und brav nach Hause (immerhin für ihn eine halbe Stunde Fußweg!) – und ich klagte mein Leid über die unerwiderte wie auch über die nicht willkommene Liebe einer erfahrenen, jungen Ehefrau – und manchmal saß auch der Kaplan einfach dabei.

Objektiv gesehen war das alles sehr harmlos – und doch kam da etwas in Bewegung. Mir wurden plötzlich Fragen gestellt, die kein anderer stellte; ich wurde mit Themen konfrontiert, mit denen ich sonst nie konfrontiert wurde – und ich entdeckte ganz neu mein eigenes »Jung-Sein«.

Und dann fragte einer: »Hast du am Fastnachtsdienstag Zeit? Wir bräuchten dich für die Kinderfastnacht!«. Das hatte noch nie jemand zu mir gesagt: »Wir brauchen dich!« Klar, bei meinen Eltern klang das immer mal wieder durch; aber da kannte man es ja schon seit sechzehn Jahren und hatte sich dran gewöhnt – und es gehörte irgendwie dazu.

An dem Abend war es neu für mich …

Also Kinderfastnacht – und dann die Kinderfreizeit – und die Leitung einer Kindergruppe – und und und … Dass das Ganze mit Kirche zu tun hatte, na ja, okay – es störte erstmal nicht weiter. Damals gehörte es einfach zum guten Ton, dass man vor dem Frühschoppen am Sonntag zum Gottesdienst ging – aber das Entscheidende war sicher nicht der Gottesdienst.

Das Engagement ging weiter, irgendwie rutschte ich in die Leitung der katholischen Jugendarbeit auf Stadtebene hinein, schließlich auf Diözesanebene – Menschen, die mitarbeiten, werden wohl immer und überall gebraucht. Und an der Seite zu stehen und nur zuzugucken, das war noch nie meines gewesen.

Und ganz langsam und beharrlich sickerte Gott und der Glaube in mein Leben ein.

Ein Gruppengottesdienst mit einer überzeugenden Idee, ein Lied mit einer mitreißenden Melodie, ein Verbandstreffen auf Bundesebene, wo man auf einmal Gemeinschaft erlebte ... Zugegeben – ich hatte einen großen Vorteil: Mein Glauben war so sehr am Punkt Null angelangt, dass all diese neuen Erfahrungen von Glaube und Kirche sich nicht mit alten Bildern streiten mussten – von denen hatte ich mich eh schon lange verabschiedet.

Ein einschneidendes Erlebnis war die Feier der Kar– und Ostertage für Verantwortliche in der Jugendarbeit in einem Bildungshaus der Diözese Limburg in Kirchähr. Davon erzählt rückblickend der folgende Text:

Liebe Mitchristen,
ganz ehrlich gesagt – es berührt mich schon, dass ich in diesem Wortgottesdienst das erste Mal zu der Schriftstelle predigen kann, die mein Leben radikal verändert hat, ja, die mich im Endeffekt auch hier nach Viernheim gebracht hat.

»Er hat mich gesandt, damit ich den Armen eine gute Nachricht bringe; damit ich den Gefangenen die Entlassung verkünde und den Blinden das Augenlicht; damit ich die Zerschlagenen in Freiheit setze und ein Gnadenjahr des Herrn ausrufe.«

Ich erinnere mich gut: Kar– und Ostertage für Verantwortliche in der kirchlichen Jugendarbeit in der Diözese Limburg. Ich war knapp zwanzig damals, hatte anfanghaft ein wenig zum Glauben zurückgefunden, war auf Menschen gestoßen, die glaubwürdig von Gott erzählten, ging auf in meinem jugendlichen Idealismus, es tat mir gut, gebraucht zu werden – und ich machte alles Mögliche.

An diesen Kartagen, die als Thema genau diesen Bibelvers hatten, hat es mich gepackt. Ich habe das erste Mal in meinem Leben verstanden, dass ich gemeint bin, dass mir die Zusage gilt: Ich Arme höre eine gute Nachricht, ich Gefangene werde befreit, ich Blinde werde sehend, ich Zerschlagene werde frei. Mich hat es wie ein Blitzschlag getroffen – ich bin gemeint. Ich bin die Arme, die Gefangene, die Blinde, die Zerbrochene. Mir gilt diese Zusage.

Bis dahin konnte ich ganz gut damit leben, dass die anderen blind und zerbrochen und arm und gefangen waren – und dass es natürlich mein Job ist, ihnen zu helfen, damit sie sehend und ganz und reich und frei werden. In diesen Tagen ist mein Bild von mir selbst zerbrochen. Ich bin ziemlich brutal darauf gestoßen worden, dass ich blind bin und manches nicht sehen will, dass vieles in mir unheil ist, dass ich arm in meinem Leben bin und gefangen in den Gefängnissen, die ich mir selbst und die mir andere machen. Und mitten hinein in diese Erkenntnis kam die unbedingte Zusage: Ich bin gekommen, damit du heil und reich und ganz wirst! Und obwohl Ostern war, habe ich geweint. Oder vielleicht habe ich auch geweint, weil Ostern war …

Diese Tage, diese Erkenntnis haben mein Leben auf den Kopf gestellt. Die Botschaft Gottes gilt mir, mir ganz persönlich. Ich bin gemeint. Und nur dann, wenn ich diese Zusage leibhaftig, im wahrsten Sinne des Wortes, selbst erfahre, kann ich anderen dies vorleben, es glaubwürdig weitersagen, es für sie erlebbar machen.

Ich habe damals die Konsequenzen gezogen – vom beruflichen Weg in der Industrie hin zur Sozialpädagogik und schließlich zur Kirche. Und wenn man es konsequent zurückbuchstabiert – ohne die Konfrontation mit dieser Schriftstelle wäre ich wahrscheinlich hier und heute nicht in Viernheim. Und ich bin froh drum, heute und hier in Viernheim zu sein.

Für mich hat diese Schriftstelle die Überschrift: »Einladung zum Leben« – zum Leben hier und jetzt und nicht irgendwann sonst und unter irgendwelchen anderen Umständen und nicht erst, wenn und …

Leben hier und jetzt – ich Gefangene werde frei aus den Gefängnissen, die ich mir aus den Erwartungen anderer selbst baue, die andere für mich aufbauen, indem sie mich in den Grenzen ihrer Erwartungen einplanen. Ich Blinde werde sehend für das, was wirklich ist – und nicht meinen Scheinbildern entspricht. Ich Arme werde mit der Fülle des Lebens beschenkt, wenn ich offen dafür bin, mich beschenken zu lassen. Ich Zerbrochene werde heil, wenn ich bereit bin, mich heilen zu lassen.

Aus dieser Zusage, aus diesem Entgegenkommen Gottes in mein Leben hinein, aus dem konkreten Erleben heraus, dass Gott mir nahe ist, kann ich meinen Dienst tun – und kann versuchen, andere zum Leben zu befreien, ihnen die Augen zu öffnen für die Dinge, die sie nicht sehen; sie zu beschenken – sie vielleicht ein wenig »heiler« zu machen.

Aus den Tagen damals kommt mein Lebensmotto, der Satz, den ich gerne einmal auf meinem Totenbett sagen möchte: »Ich bekenne, ich habe gelebt!« – ein Satz von Pablo Neruda, einem chilenischen Dichter. Ich bekenne, ich habe gelebt – ich habe aus meinem Leben das gemacht, was menschenmöglich ist: Ich habe geweint und gelacht, ich habe gespürt und gefühlt, ich habe getan und habe es sein lassen. Ich bekenne, ich habe gelebt.

Ob ich dieses Programm in meinem Leben erreichen werde, das muss ich dahingestellt sein lassen – wünschen würde ich es mir – aber da ist immerhin noch das Leben, das die besten Vorsätze durchkreuzen kann.

»Er hat mich gesandt, damit ich den Armen eine gute Nachricht bringe; damit ich den Gefangenen die Entlassung verkünde und den Blinden das Augenlicht; damit ich die Zerschlagenen in Freiheit setze und ein Gnadenjahr des Herrn ausrufe.« Der das gesagt hat, der hat sein Programm erfüllt. Seine Antrittsrede, die zu Beginn des Lukasevangeliums wiedergegeben ist, hat er wahr gemacht. Er hat Blinde sehend gemacht, Kranke geheilt, Menschen wieder zum Leben zurückgeführt. Seine Botschaft gilt seit zweitausend Jahren – und sie hat gewirkt.

»Ich bekenne, ich habe gelebt!« – ich kann mich auf das Leben einlassen, weil Gott es mit mir lebt. Ich kann und darf leben, weil Gott mit mir geht.

Ich glaube daran – und ich glaube daran, dass diese Zusage auch mir gilt.

Du bist ein Gott der Lebenden

Ich wohne
im Land des Habens
im Land der Blindheit
im Land des Egoismus
im Land des Hasses
im Land der Unfreiheit
im Land des Todes

auf dein Wort hin
will ich
den Aufbruch wagen
und in das Land ziehen
das du mir verheißen hast

Land des Lebens
will ich es nennen

Bunter Faden Zärtlichkeit (1986)

Wer ist dieser Gott für mich? Ich zögere mit der Antwort, wenn mir diese Frage gestellt wird. Damals war er für mich vor allem der Gott, der mich aus allen fremden und selbst gemachten Gefängnissen befreit, der Gott des Exodus, der Gott des Aufbruchs. Dann war er eher der bergende und schützende Gott, der mich wie ein Kind in seinem/ ihrem Arm hält, zu dem ich mich flüchten kann. Manchmal ist es der große und allmächtige Gott, der sich meinem Begreifen entzieht, vor dem ich anbetend stumm werde – und dann ist es wieder der mitgehende Gott, der mich kennt und dem ich einfach alles erzählen kann, was mich berührt, bewegt und beschäftigt.

Das, was mir Gott gerade ist, sagt wahrscheinlich viel mehr über mich als über Gott aus. Aber es gibt ein Gottesbild, das mir seit langem wichtig war und wichtig ist.

Als Jesus am See von Galiläa entlang wanderte, sah er zwei Brüder: Simon, der Petrus genannt wird, und seinen Bruder Andreas. Sie warfen ein Netz in den See, denn sie waren Fischer. Da sagte er zu ihnen: Kommt, folgt mir nach! Ich will euch zu Menschenfischern machen. Sofort verließen sie ihre Netze und folgten ihm. Als er weiterging, sah er zwei andere Brüder: Jakobus, den Sohn des Zebedäus, und seinen Bruder Johannes. Sie waren mit ihrem Vater Zebedäus im Boot und besserten ihre Netze aus. Er rief sie und sofort verließen sie das Boot und ihren Vater und folgten ihm.

Matthäusevangelium 4,18-22

Glauben Sie eigentlich überhaupt an Gott? Und wenn Sie an Gott glauben, an welchen Gott glauben Sie? Wie ist Ihr Gott – und was tut er?

Liebt Ihr Gott, oder ist er zärtlich?

Geht er sonntags auch mal spazieren?

Hat der Gott, an Sie glauben, Humor? Oder sitzt er missmutig auf seinem Herrschersessel und schaut uns Menschen kritisch zu, was wir da so treiben und lassen?

Welche Hautfarbe hat Ihr Gott?

Und ob er wohl gerne Weintrauben mag?

Ich weiß, ich weiß, solche Dinge soll man nicht fragen. Das Gebot »Du sollst dir kein Bild von deinem Gott machen«

(Exodus 20,4) hat schon Recht: Jedes Bild, das wir uns von Gott machen, holt ihn in seiner Unendlichkeit, in seiner Allmacht, in seiner Größe nur in die Begrenztheit unseres menschlichen Denkens hinein und macht ihn dadurch klein, weil wir einfach nicht groß genug von ihm denken können. Und doch – wir Menschen brauchen auch immer wieder Bilder und Vorstellungen von Gott – wie will man zu jemandem beten, der so groß ist, dass man sich in dieser Weite als Mensch glatt verliert? Wie soll ich Gott ansprechen, wenn ich ihm keinen Namen geben darf? Ich denke, wir dürfen auch in menschlichen Bildern von Gott sprechen – wenn wir dabei nie vergessen, dass Gott jedes dieser Bilder auch schon wieder übersteigt und solche Bilder immer nur einen ganz, ganz kleinen Ausschnitt von Gott aufleuchten lassen.

Friedrich Nietzsche, ein deutscher Philosoph, hat einmal gesagt: »Ich würde nur an einen Gott glauben, der zu tanzen versteht.« Ein tanzender Gott? Einer, der sich der Musik, dem Rhythmus hingibt, der sich dreht und wiegt und vielleicht auch stampft und wirbelt – und möglicherweise dabei anderen auch schon mal ab und an auf den Fuß tritt?

Ob Gott tanzt, das wissen wir nicht, das können wir höchstens vermuten. Aber wenn es stimmt, dass in Jesus Christus dieser Gott aufleuchtet, weil er in ihm Mensch geworden ist, dann müssten wir einfach mal bei Jesus nachschauen. Hat Jesus Christus getanzt? Ausdrücklich erzählt uns das Neue Testament nichts davon – aber die Menschen damals haben ganz gewiss getanzt, so wie wir Menschen es zu allen Zeiten und quer durch alle Kulturen getan haben. Und dass Jesus Festen nicht abgeneigt war, das kann man schon den Evangelien entnehmen: Er ist gerne mit seinen Freunden zusammen, hält mit den Menschen Mahl – und wer würde schon auf die Idee kommen, Wasser in Wein zu verwandeln – und dann anscheinend auch noch in einen ganz hervorragenden Wein! Warum sollte Jesus also nicht auch getanzt haben?

Ein neueres englisches Kirchenlied fragt nicht lang, es sagt, oder besser: es singt: »The Lord of the Dance« (Sydney Carter) – Der Herr des Tanzes. Im Refrain heißt es: »Tanz, tanz, wo auch immer du bist. Ich bin der Herr des Tanzes, sagt er – und ich führe euch alle, wo immer ihr auch seid, und ich führe euch zum Tanz, sagt er.«

Tanzen – da erklingt Musik, da kommt einer auf mich zu, fordert mich auf – und ich folge der Einladung, lasse mich berühren, gebe mich hin, lasse mich auf Schritte und Rhythmus ein, werde selbst zum Tanz.

Und nichts anderes lesen wir in den Evangelien: Da geht Jesus auf Menschen zu, auf Simon Petrus und Andreas, auf Jakobus und Johannes, er fordert sie auf, lädt sie ein, nimmt sie mit – und sie lassen sich berühren, geben sich hin, lassen los, werden selbst zum Tanz.

Wir sind eingeladen zum Tanz des Lebens, weil Gott selbst das Leben ist. Dieser Gott kommt auf uns zu und lädt uns ein, er fordert uns auf – und da wird niemand zum Mauerblümchen, keiner bleibt sitzen – wenn er nicht sitzen bleiben will. Wir sind eingeladen, uns dem Rhythmus des Lebens zu geben, dem Auf und Ab, dem Hin und Her, dem schwindligen Wirbel und den ruhigeren Passagen. Und da ist einer, der führt, der uns berührt, der uns hält, der den Weg vorgibt, auf den wir uns einlassen können – und der uns manchmal dabei vielleicht auch auf die Füße tritt. Aber – zur Melodie des Lebens tanzen Gott und Mensch, du und ich miteinander.

Dazu braucht es das Hinhören – das Hören auf die Musik des Lebens und das Hören auf die manchmal so leise Stimme des »Komm – und folge mir! Komm mit zum Tanz des Lebens, zum Tanz der Lebendigkeit!«

Und das ist im christlichen Leben nicht viel anders als beim Tanzen: hinhören auf die Musik, die Aufforderung, Ja zur Einladung sagen, aufstehen und folgen, mich berühren lassen, mich verlieren im Wirbel der Drehung, um im Wiegeschritt wieder zu Atem zu kommen, mich einer Führung anvertrauen, mich hineingeben.

»Tanz, tanz, wo immer du auch bist!« – das ist die Einladung zur Nachfolge – jeden Tag neu.

Und jeden Tag mehr leben. Jahreslesebuch (2003)

Madeleine Delbrêl, eine engagierte, christliche Sozialpädagogin, die sehr bewusst in einem atheistischen Arbeitermilieu gelebt hat, hat das in ihrem Text »Ball des Gehorsams« auf den Punkt gebracht:

Ich vermute, du hast von den Leuten genug,
die ständig davon reden,
dir zu Diensten zu sein
mit der Miene von Feldwebeln,
dich zu kennen
mit der Pose von Professoren,
nach Sportregeln zu dir zu gelangen
und dich lieben,
wie man einander liebt
in einem alten Haushalt.

An uns ist's,
uns von dir erfinden zu lassen,

um fröhliche Leute zu sein,
die ihr Leben mit dir tanzen.
Will einer ein guter Tänzer sein,
mit dir oder sonstwie,
darf er nicht wissen,
wohin es führt.
Nur folgen muss man,
aufgelegt sein
und schwerelos,
und vor allem sich nicht versteifen.

Man soll dir
keine Erklärungen abverlangen
über die Schritte, die du zu tun beliebst,
sondern sein
wie eine Verlängerung deiner,
behende und wendig,
und durch dich hindurch
den Takt des Orchesters aufnehmen.

Wir hingegen
vergessen die Musik deines Geistes,
und machen aus unserem Leben eine Turnübung;
wir vergessen,
dass es in deinen Armen getanzt wird,
dass dein heiliger Wille
von unvorstellbarer Phantasie ist,
dass es monoton und langweilig
nur für ältliche Seelen zugeht,
die als Mauerblümchen sitzen
am Rand des lustigen Balls deiner Liebe.

Herr, komm
und lade uns ein!

Gib, dass wir unser Dasein leben
nicht wie ein Schachspiel,
bei dem alles berechnet ist,
nicht wie ein Match,
bei dem alles schwierig ist,
nicht wie ein Zahlenproblem,
bei dem man sich den Kopf zerbricht,
sondern wie ein endloses Fest,
bei dem man dir immer wieder begegnet,
wie bei einem Ball,
einem Tanz
in den Armen deiner Gnade,
während Musik der Liebe uns allseits umfasst.

Herr, komm und lade uns ein!

MADELEINE DELBRÊL

Auferstehung – das wurde für mich die Einladung zum Tanz, zum Tanz mit Gott. Jesus Christus stirbt am Kreuz, weil er uns vorleben wollte, dass es den Tod zwar gibt, aber dass die Liebe stärker ist als jeder Tod. Die christliche Botschaft leugnet das Dunkel nicht – und es ist auch gar nicht zu leugnen. Es gab Auschwitz. Es gibt den 11. September, es gibt »Tsunami«, es gibt Terror und Krieg und Attentate.

Gott aber ist derjenige, der sich nicht vornehm zurückhält, sich raushält – er ist der, der mitgeht. Er kann und wird Naturgesetze wegen uns nicht außer Kraft setzen – und er kann und wird die Freiheit zum Handeln, die er uns Menschen geschenkt hat, nicht zurücknehmen, auch wenn sie missbraucht wird. Es wird weiterhin Naturkatastrophen geben, und Menschen werden weiterhin ihre Freiheit missbrauchen.

Aber seitdem Jesus Christus am Kreuz gestorben ist, gibt es all das nicht mehr ohne ihn. Er hat sich hineingestellt in das Leid dieser Welt, er hat es selbst auf sich genommen. Wir Christen glauben an einen Gott, der weiß, wie sich Schmerzen, Verzweiflung und Dunkel anfühlen. Und an einen solchen Gott zu glauben, macht es mir leichter, mich auf ein Leben einzulassen, in dem auch das Dunkle seinen Platz haben darf.

Auch unser Gott ist nicht nur sonntags für uns da.

auferstehung

das ist nur möglich
mit uns
und nicht gegen uns

wie will einer auferstehen
wenn wir ihn nicht
auferstehen lassen

wie will uns einer
zum Leben rufen
wenn wir nicht wollen

wie will uns einer einladen
zum Aufstand gegen den Tod
wenn es uns egal ist

wie will uns einer für das Leben begeistern
wenn wir uns zufrieden geben
mit dem was ist

wie sollen wir leben
wenn wir den Tod
nicht achten

und wie sollen wir werden
wenn wir nicht

sind

13. April 2004

Ja, ich glaube an Gott. Ich glaube an einen Gott, der das Leben will, der mein Leben, meine Lebendigkeit will. Und ich glaube daran, dass es kein »Schönwettergott« ist, der nur für nette Familienfeiern taugt, sondern dass er all unsere Menschenwege mitgeht.

Er ist für mich der, der herausruft, der den Kontrapunkt setzt, der sich mit meiner Mittelmäßigkeit nicht zufrieden gibt, sondern der ganz liebend und herausfordernd meine Wege mitgeht – und der doch den Punkt setzt und sagt: Komm! Komm zum Tanz des Lebens!

Gott

Willi Hübinger

Liebe Andrea,

Kar- und Ostertage für Verantwortliche in der kirchlichen Jugendarbeit in der Diözese Limburg – eine Fülle von Erinnerungen lebt auf. Ist das richtig: War das 1974? Ich weiß noch genau, dass wir am Ostermontag zum Abschluss einen Baum gepflanzt haben.

Vor einigen Tagen habe ich mich aufgemacht und bin hingefahren, weil ich sehen wollte, ob der Baum noch steht. Als ich vor ein paar Jahren nach ihm sah, da gab es ihn noch. Er war stattlich gewachsen und wirkte stark und selbstbewusst. Als ich kürzlich dort war, konnte ich ihn nicht ausfindig machen. Es lag zuviel Schnee, der die Landschaft für mich unkenntlich machte. Und wenn er auch ein einzigartiger Baum ist, so war er doch an Ort und Stelle nie der Einzige.

Stark und selbstbewusst wie der Baum, so hat sich unsere Beziehung entwickelt, und sie war immer eine Beziehung auf dem Gottesacker. Sie ist es bis heute geblieben, und ich genieße unsere regelmäßigen Treffen als geistliche Sternstunden. Es verbindet sich nicht nur unsere Erinnerung und ihr Grund im geistlichen Miteinander, sondern auch die lebendige lebenslange Suche nach Gott. Denn – weit übers Suchen sind wir ja nie hinausgekommen, ich jedenfalls nicht. Aber gemeinsam suchen – das ist schon ein Ding eigener Güte. Um nichts möchte ich es verlieren. Wenn dieses »um Ihn kreisen« der Tanz ist, den du meinst, dann lass uns weiter tanzen!

Willi Hübinger

LIEBE

Wenn man lange genug bei Gott rumhängt,
färbt der Typ auch irgendwie ab.
RICHARD ROHR

Gott ist die Liebe.
1. JOHANNESBRIEF 4,8

Und – was heißt das jetzt für uns beide?
13. Oktober 1994

Zu lieben – das hat immer zu meinem Leben dazu gehört. Mal ein bisschen mehr, mal ein bisschen weniger platonisch, mal mit Lust, mal mit Leiden.

Auch wenn ich nicht allzu viel von Sternzeichen und Horoskopen halte – das mit der Leidenschaft bei den Skorpionen trifft schon durchaus auf mich zu. Und ich gebe gerne zu: Verliebt zu sein, macht mir keine Angst – im Gegenteil: Ich kann es durchaus sehr genießen und man kann auch mit 50 Jahren noch »Flugzeuge im Bauch« haben. Und auch das Seinige dafür tun, dass man die »Flieger im Bauch« hat …

Lockruf

Zieh den
Eismantel aus
bei mir ist es
warm
lass deine Seele
atmen ich
verletz dich nicht
lass deine Knospen
blühen behutsam
berg ich sie

Zumutungen (1988)

So – und spätestens jetzt merke ich, dass das Kapitel »Liebe« ein schwieriges wird. Eigentlich möchte ich authentisch von meinem Leben erzählen – aber dazu gehören Namen und Gesichter, die nicht für die Öffentlichkeit bestimmt sind, wenn ich diese Beziehungen nicht »verraten« will. Und so, wie die Leidenschaftlichkeit zu den »Skorpionen« dazu gehört, so ist auch deren Treue sprichwörtlich. Ich kann an dieser Stelle nur versichern: Ich habe nicht nur theoretisch über die Liebe nachgedacht. Und die Frage »was machen wir beide denn jetzt damit?« ist auch keine fiktive Frage.

Manchmal
wenn sich zwei Menschen
begegnen
passiert etwas Wundersames:
zwei Instrumente
gleich gestimmt
spielen die gleiche Melodie

Eine Melodie
zwischen hier und dort
zwischen gestern und morgen
zwischen dir und mir

Ich mag Gänseblümchen (1985)

Ich sitze an meinem Schreibtisch, und in mir werden Erinnerungen wach und Träume kommen hoch, Namen und Gesichter stehen plötzlich vor meinen Augen. Und ich werde ein wenig traurig – und muss zugleich doch auch schmunzeln. Ich erinnere mich zum Beispiel an ein sechsgängiges Silvestermenü, zu dem ich den damaligen Freund eingeladen hatte. Ich bereitete es zwei Tage lang vor – und war dann an Silvester, als die Anspannung nachließ, so müde, dass ich Mitternacht fast nicht mehr erlebte. Und dann gab es einen Freund, der von meiner Liebe zu ihm gar nichts ahnte – und doch entstand aus den Texten in dieser Zeit ein Buch – und ich musste ihm irgendwie vor dem Erscheinen des Buches diplomatisch erklären, dass ich ihm nicht etwa einen anderen Mann verschwiegen hatte, sondern dass eigentlich er gemeint war.

Aber da waren auch durchaus dramatische Situationen … zwei Tage, an denen ich die Rollläden unten ließ und nur noch »Köln Konzert« von Keith Jarrett hörte – oder das Treffen auf einem Parkplatz, wo ich gemeinsamen Freunden von der Zahnbürste bis zu den Winterreifen alles übergab, was von »ihm« in meiner Wohnung gewesen war. Und es gab (und gibt!) viele wunderschöne Momente, die ein Lächeln auf mein Gesicht zaubern, auch im Nachhinein – und die mich ein wenig weicher und zärtlicher und liebevoller machen.

Viele dieser Momente sind mit Musik verbunden, mit ganz bestimmten Liedern. Ich verbinde ein Lied, eine Melodie mit einem Lebensgefühl, mit einem Namen, einem Gesicht. Nena mit »99 Luftballons« gehört dazu, oder auch Ina Deter »Wenn du so bist wie dein Lachen«, Shirley Bassey mit »I am what I am« und auch Keith Jarrett mit seinem »Köln Konzert« oder »Mensch« von Herbert Grönemeyer. Die ersten Takte schaffen es sofort, mich wieder in diese Stimmung zu versetzen.

Schön bist du, mein Geliebter, verlockend.
Frisches Grün ist unser Lager,
Zedern sind die Balken unseres Hauses,
Zypressen die Wände.
HOHESLIED 1,16–17

sanftes Hauchen
leises Raunen
zartes Schmeicheln
lindes Streicheln

unwiderstehlich
verzaubernd
anmutig
verführend

knospende Blüte am Zweig
lockender Ruf eines Vogels
schmale Sichel des Mondes
raunendes Flüstern des Windes

mich
ganz zart
berühren lassen
von dir

Mich zart berühren lassen von dir (1999)

Liebe kommt nicht immer dann, wenn es einem gerade passt. Denn das habe ich in den letzten Jahren auch gelernt: Wenn man gerade mal wieder Lust darauf hat, sich ein wenig zu verlieben, ist weit und breit niemand da – aber die Liebe kommt immer dann, wenn man sie eigentlich gar nicht eingeplant hat.

Weckt nicht die Liebe,
bis sie selber sich regt.
HOHESLIED 2,7

Immer noch du schon wieder

Muss das sein?
es war so schön ruhig
ich kenne das doch schon
die letzten Wunden sind grad erst verheilt
ich hab dich nicht gerufen
mag nichts mit dir zu tun haben

… bis sie selber sich regt

du bringst Unruhe in mein Leben
stellst alles auf den Kopf
machst ein heilloses Durcheinander
aus Lust und Schmerz und Kraft
nein nicht schon wieder nicht mit mir
ich mach da nicht mit

… bis sie selber sich regt

ich verriegele die Tür
schließe die Fensterläden
verhänge die Bilder
verjage die Träume
und stell den Wecker
auf übermorgen

… bis sie selber sich regt

verdränge das Ahnen
leugne das Sehnen
fliehe den Schmerz
betrüge mein Herz
und verrate
mich selbst

… bis sie selber sich regt

aber Träume lassen sich nicht verbieten
das dumpfe Pochen
das Klopfen bleibt
das flaue süße Gefühl
und leiser Zweifel
vielleicht doch

… bis sie selber sich regt

der Schmerz holt mich ein
die Hoffnung wird stärker

mein Sehnen wird kraftvoller
das Herz klagt ein
und ich werde bereit
mich neu zu riskieren

... bis sie selber sich regt

ich stelle den Wecker ab
und hör was die Uhr geschlagen hat
ich lade meine Träume ein und färbe sie bunt
ich male neue Bilder und stelle sie aus
ich mach die Fenster auf
und lass die Wirklichkeit herein
und öffne die Tür

bin offen für
Liebe
Lust
und Schmerz

ich bekenne
ich habe mich ernsthaft gewehrt

aber ich glaube
sie hat sich wirklich von selbst geregt

22. Februar 1995

Nein – einfach ist das mit der Liebe wirklich nicht. Wenn ich liebe, mache ich mich berührbar, ja muss mich berührbar machen, damit ich den anderen auch spüren kann. Dadurch aber werde ich zugleich verletzbar, angreifbar, verwundbar. Liebe entgrenzt mich – aber damit fällt auch der Schutz meiner Grenzen weg. Wer liebt, der kommt nicht unverletzt davon.

Ein neues Gebot gebe ich euch: Liebt einander!

Johannesevangelium 13,34

Lieben – wie geht das eigentlich – und was ist das überhaupt? Alle sprechen davon, die Titelstories der Frauenzeitschriften beschäftigen sich damit, jeder Schlagersänger kann ein Lied davon singen, und auch in der Werbung begegnet uns die Liebe auf Schritt und Tritt – oder vielleicht richtiger: das, was uns die Werbefachleute mit ihrem Produkt entsprechend an Lebensgefühl verkaufen wollen. Manchmal habe ich den Eindruck, fast jeder scheint ein Experte, eine Expertin in Sachen »Liebe« zu sein – und doch gibt es kaum etwas, was mehr Probleme beschert, mehr Konflikte verursacht als dieses kleine Wörtchen Liebe.

Da gibt eine junge Frau ihre eigene Wohnung auf, zieht zu ihrem Freund – und steht nach einem Vierteljahr vor den Scherben ihrer Beziehung. Da trennt sich ein Mann nach zehn Jahren Ehe von seiner Frau, weil er erfahren hat, dass sie einen Freund hat. Ein junges Mädchen verzweifelt, weil der Mann, in den sie sich verliebt hat, nichts von ihr wissen will. Ob wir vielleicht doch nicht so große Experten in Sachen Liebe sind?

Und darüber hinaus beschleicht mich ein leiser Verdacht: Könnte es möglicherweise auch sein, dass im Namen der Liebe mehr Sünden begangen werden als unter dem Namen irgendeiner anderen Sache? Die junge Frau, die mit ihrem Mann Streit anfängt, weil er zum Fußballspiel geht, aber eigentlich kann und will sie nur nicht allein sein. Der Mann, der seiner Freundin stolz den Blumenstrauß präsentiert, aber sich damit nur von seinem schlechten Gewissen freikaufen will. Kinder, die angeblich aus Liebe bestraft werden, damit sie endlich lernen … Einer der verräterischsten Sätze ist die Aussage: »Ich hab's doch nur gut gemeint!« Gut gemeint – schon recht: aber für dich oder für mich?

Es gibt Situationen, da bezeichnen es Menschen als »Liebe«, wenn sie eigentlich ihre eigenen Interessen und Bedürfnisse stillen wollen, wenn sie den Partner an seiner Weiterentwicklung hindern, weil es für sie unbequem wird, wenn der Freund dafür bestraft wird, dass er ein eigenständiger Mensch ist und bleiben will. All das ist keine Liebe. Da wird vielmehr das Wort »Liebe« benutzt, damit und um zu …

Liebe in ihrem eigentlichen Sinn ist absichtslos und zweckfrei. Sie will nicht die Stillung der eigenen Bedürfnisse, sondern will das Wohlergehen des anderen. Liebe will zum Leben und zur Lebendigkeit anstiften und den anderen zu seinem wahren Mensch-Sein befreien – und ihn nicht zu dem umbiegen, wie ich ihn gerne hätte. Liebe hofft und vertraut, lässt los und birgt, schenkt her und lässt sich beschenken. Eine solche Liebe liebt nicht, um etwas zurückzubekommen, um selbst besser dazustehen, um etwas zu erreichen. Sie verführt und manipuliert nicht, sie gebraucht und verzweckt den anderen nicht. Sie macht frei und fesselt nicht.

Bei der Liebe gilt das marktwirtschaftliche Gesetz nicht:

Geb ich dir, dann gibst du mir. Ich gebe, weil ich geben will – und nicht, weil ich etwas zurückbekommen möchte. Dort, wo Liebe an Forderungen und Erwartungen geknüpft wird, ist es keine Liebe und muss unter diesem Namen auch scheitern.

Liebe ist kein Machen und Tun, sondern eine Haltung, eine Einstellung. »Liebe« ist eigentlich ein »liebend-sein«, das das Beste für den anderen will. Und eine solche Liebe erfüllt sich in der Hingabe und nicht dadurch, dass ich auf meine Kosten komme.

Ich gebe zu, eine solche Liebe kann etwas unbequemer zu leben sein als das, was manche Schlagersänger davon singen. Wer auf diese Weise liebt, der kommt nicht unverletzt davon. Lieben und leiden sind zwei Seiten einer Medaille – und das Wort »Leidenschaft« weiß davon zu erzählen. Wenn sich jemand für eine solche Art der Liebe öffnet, die den anderen meint und nicht sich selbst, der wird berührbar. Wer nur sich selbst meint, der wird hart. Aber wenn ich berührbar geworden bin, dann kann ich mir nicht mehr aussuchen, wovon ich mich berühren lasse.

Dann berührt mich das Schöne genauso wie das Traurige, die Umarmung des Freundes genauso wie das faltige Gesicht der alten Frau oder das Weinen eines Kindes. Wenn ich berührbar bin, dann kann ich die Höhepunkte des Lebens intensiv wahrnehmen und genießen – aber dann werde ich auch die Dunkelheiten an mich heranlassen müssen. Es gibt keinen Schalter, mit dem ich meine Berührbarkeit einfach ausschalten kann, wenn es unbequem für mich wird. Und ich glaube eigentlich, dass dies auch für die Liebe gilt: Eine Liebe, die nur einen ganz bestimmten Menschen meint, aber alle und alles andere von der Liebe ausschließt, ist keine

Haltung, sondern möglicherweise Gedankenlosigkeit oder eine nett getarnte Form der eigenen Bedürfnisbefriedigung.

Wer liebt, der leidet am Leid des anderen, der leidet an seiner eigenen Ohnmacht, dem anderen nicht helfen zu können, der mag daran leiden, dass seine Liebe einen anderen nicht erreicht, der leidet an sich selbst, weil er selbst so oft diesen Anspruch des Liebens verfehlt – und die Liebe doch wieder mit einem »um zu« verknüpft hat.

Jesus weiß, wovon er spricht, wenn er seinen Jüngern dieses Gebot gibt: »Liebet einander.« Kurz vorher hat er seinen Jüngern im Dienst der Liebe die Füße gewaschen, er ist im Innersten aufgewühlt, als er Judas als den entlarvt, der ihn verraten wird – und er weiß, dass er aus Liebe zu uns Menschen den Tod am Kreuz auf sich nehmen werden muss. Die Liebe kennt die Hingabe und das Leiden. Sie nimmt sich nicht zurück aus Angst vor dem Leiden, sie riskiert sich, gibt sich. »Es ist, was es ist, sagt die Liebe«, so schreibt es Erich Fried in einem Gedicht. Die Liebe liebt – und nimmt das Leiden, das mit dieser Berührbarkeit verbunden ist, in Kauf.

Liebt einander – das heißt: berührbar zu werden für den anderen und den anderen zu berühren auf die Gefahr hin, dass ich verletzt werden kann. Das heißt: meine Mauern einzureißen – und die Mauern der anderen wegzulieben. Das ist Hingabe, ohne eine Gegenleistung zu erwarten.

Zugegeben – das hört sich ein bisschen anders an als das, was in Songs und Zeitschriften, beim Friseur und beim Kaffeekränzchen unter dem Namen »Liebe« gehandelt wird. Und wenn ich zu Recht gefragt werde: Warum und wozu denn all das? dann lautet meine Antwort schlicht und ergreifend: Damit Menschen lebendiger werden – Sie und ich und all diejenigen, die wir lieben.

Auf einem Kalenderblatt las ich einmal: »Jung ist derjenige, der sich noch verlieben kann.« Ich fand das sehr einleuchtend, wenn man »verlieben« ein wenig weiter fasst, als es herkömmlich getan wird. Ich kann mich in einen Menschen verlieben, in eine Stimmung, in eine Situation. Wenn ich an einem Augustabend den Schrei der Wildgänse höre, die über Viernheim hinwegziehen, wenn die Mondsichel klar am frühen Morgen am Himmel steht, wenn ich die Zärtlichkeit eines alten Menschen erlebe, den Idealismus eines Jugendlichen, der sich für eine Idee engagiert, einen Sonntagsgottesdienst in der Gemeinde, wenn der Weihrauch im Kirchenschiff hochsteigt, oder den Augenblick in einer Trauerfeier, wenn der Sarg hinaus ins Licht gefahren wird – ja, dann ist unsagbar viel Liebe für das Leben in mir. Mein Begriff von Liebe hat sich verändert: Es ist natürlich die Liebe zu einem Mann – aber es gibt auch eine Liebe für das Leben und eine Liebe für Gott.

Es ist der gleiche Wind, der mich nicht glauben lässt, dass Liebe – wo immer sie als Liebe erwacht – nichts als »profan« und »rein weltlich« sein und deshalb Gott entgegenstehen könnte; es ist die Liebe, immer dieselbe Liebe, die mir das unbändige Vertrauen gibt, dass Gott mein Leben – und alle und alles, was er liebt und was ich liebe – am Ende nicht, wie eine Episode, ins Nichts zurückfallen lassen wird …

Reinhard Körner

Nachwort zu »Mich zart berühren lassen von dir«

Ja, ich liebe nicht immer gleich – und nicht immer das Gleiche. Meine Liebe ist ein Grundgefühl von unendlicher Zärtlichkeit, Berührbarkeit, Achtsamkeit. Wenn ich liebe, bin ich hellwach – und alle Antennen sind auf Empfang.

Im fordernden Alltag kann dieses Gefühl, diese Haltung manchmal verloren gehen. Dann wird es eng, dunkel, hart, unbarmherzig. Wenn ich die Liebe verliere, geht es mir nicht mehr gut – und auch nicht den Menschen, mit denen ich es zu tun habe und mit denen ich lebe. Wenn ich der Liebe keinen Raum mehr in meinem Leben gebe, dann hat Gott keinen Platz mehr.

Was »lieben« heißt, das haben mir meine Freunde und meine Eltern beigebracht. Meine Freunde haben mir, durchaus manchmal sehr schmerzhaft, gezeigt, was sie an Zuwendung von mir wollen – und was denn des Guten vielleicht auch zuviel ist. Meine Eltern haben mich einfach ihre Liebe erleben lassen, ohne groß darüber zu reden. Einer, der mich Liebe erfahren ließ und mit dem ich nie darüber hätte sprechen können, war mein Vater. Und ich glaube: Das, was er mir auf meinen Lebensweg mitgegeben hat, das, was ich in unserer Beziehung erleben durfte, hat mich »fähig« gemacht für die Liebe.

Hommage (für meinen Vater)

Als ich klein war
habe ich dich bewundert
du warst der Mittelpunkt der Welt
und meine Hand in deiner Hand
dort war es warm
ich war geborgen aufgehoben
nichts und niemand konnte mir was tun

du hast mir Schlittenfahren beigebracht
und die verschiedenen Sorten des Getreides
du hast mich schwimmen gelehrt
und dass es wichtig ist zu lesen
wir haben Sonnenblumen geklaut
und Papierschiffchen fahren lassen
und nichts und niemand konnte mir was tun

manchmal hast du zugeschlagen
selten gesagt dass es gut war was ich machte
und doch hast du manchen Fehler ausgebügelt
und wenn es wichtig war dann warst du da
und du hast mich losgelassen
auch wenn ich heut erst ahne wie schwer es war
denn nichts und niemand durfte mir was tun

du hast geschwiegen als ich abends wegging
und hast mich doch irgendwo abgeholt
du hast gelitten als ich auszog
und hast doch den Umzug organisiert
und ich weiß du hast geweint

und du konntest kein Wort sagen
denn nichts und niemand sollte mir was tun

du warst freundlich zu den Freunden
obwohl du wusstest das geht nicht gut
du hast mich am Telefon verleugnet
als ich am Ende war und mich bei euch versteckte
du konntest deine Liebe oft nur mit Geld beweisen
doch wenn's drauf ankam warst du da
denn nichts und niemand sollte mir was tun

ich bin dir fremd geworden in den Jahren
es gibt vieles was du nicht verstehst
ich leb in einer Welt die nicht die deine ist
du lebst in permanenter Angst um mich
und doch – du hältst mich nicht du lässt mich gehen
vertraust mir vertraust den Wurzeln
und nichts und niemand wird mir etwas tun

inzwischen bist du alt geworden
du bist vergesslich manchmal hart
und ab und an da nervst du auch
du bist gebrechlich nicht mehr stark
es tut mir weh dich so zu sehn
und manchmal hab ich Angst vor dem Besuch
denn nichts und niemand dürfte dir was tun

und dann ist da ein Moment
in dem du schmunzelst wie vor 40 Jahren
in dem die Augen wieder strahlen
in dem du einsiehst: ja, du nervst

und ohne Worte sagst: es tut dir leid
und dann wein ich ohne Tränen
denn nichts und niemand darf dir etwas tun

Abschied gelebt in kleinen Raten
ein Bild in mir dem du nicht mehr entsprichst
und doch möchte ich lernen
dich so zu sehen wie du bist
dich zu finden in dem Lachen
und ahne drum du lehrst mich
dein Gehen

denn irgendwann
und irgendwo
wird jemand dir
was tun

18. Januar 2002

Liebe

Heiner Wilmer

Liebe Andrea,

was du über Deinen Vater sagst, bewegt mich sehr. Es erinnert mich selbst an die Beziehung zwischen meinem Vater und mir, an die Liebe zwischen Vater und Sohn überhaupt. Für mich ist ein wesentlicher Aspekt dieser Liebe das Wachsen-lassen. Die Liebe des Vaters will, dass das Kind wächst, dass es gedeiht. Sie erfreut sich am Leben des Kindes, an seiner Lebendigkeit, an seinem Wachstum.

Als ich fünf Jahre alt war, fuhren wir im Sommer nach Freren, in das emsländische Nachbarstädtchen meiner Heimatgemeinde Schapen, ins Freibad. Im Kinderbecken herumplanschend kam mein Vater auf die Idee, ich solle auf die Rutsche klettern und von ihr ins Wasserbecken heruntersausen. Schon beim Anblick ihrer Höhe wurde mir schwindlig. Nach kurzem Hin und Her kamen mir die Tränen. »Nein, ich will nicht, ich hab Angst!«, schrie ich. »Doch, du kannst das, geh rauf, ich bleib unten und fang dich auf. Hab keine Angst, ich bin da.«, sagte er Mut machend.

Mit schlottrigen Knien kletterte ich die Sprossen hinauf. Auf die Rutsche setzte ich mich mit geschlossenen Augen. Dann der innere Ruck und los. Ich hatte panische Angst. Es war die Hölle. Es war, als müsste ich in die Untiefe des Wassers hinabfahren, ins Chaos. Und gleichzeitig baute ich darauf, dass irgendwo da unten die kräftigen Arme meines Vaters mich aus dem Strudel befreien würden. Alles verlief blitzschnell. Plötzlich hob mein Vater mich aus dem Wasser und sagte freudestrahlend: »Guck, Heiner, ich bin da, ist doch alles halb so schlimm, du kannst es.«

Diese kleine Geschichte aus meiner Kindheit offenbart mir einen wichtigen Aspekt der Liebe. Die Liebe zwischen Vater und

Sohn birgt eine Dynamik, in der Saiten zum Schwingen und Klingen kommen, die im Grunde genommen in jeder liebenden Beziehung zum Schwingen und Klingen kommen.

Zur Liebe gehört für mich, jemanden beim Namen zu nennen, bei dem, was ihn speziell auszeichnet, behutsam zu berühren. Zur Liebe gehört für mich, da zu sein, in aller Schlichtheit ohne große Worte da zu sein, dem anderen das sichere Gefühl zu geben, ich fang dich auf, ich lass dich nicht in der Hölle des Ausgesetztseins, ich zieh dich aus dem Wasser, so wie die Tochter des Pharao Mose aus dem Nil zog. Zur Liebe gehört für mich, dem anderen Zusagen zu machen, ihn zu ermutigen, die Lebendigkeit in ihm zu wecken, ihm Odem zu geben. Zur Liebe gehört für mich, stellvertretend für den anderen da zu sein, ihm die Stellung zu halten, sich dann aber zurückzunehmen, so wie Johannes der Täufer im Isenheimer Altar auf Jesus zeigt: »Jener muss wachsen, ich aber muss abnehmen.«

Ein zentraler Aspekt der Liebe ist, den anderen wachsen zu lassen. Einen Menschen zu lieben heißt, alles zu ermöglichen, damit der andere wächst, größer wird, damit er reift und hineinwächst in die unfassbare Fülle des Lebens, in Gott.

Heiner Wilmer

FREUNDSCHAFT

Dort, wo ein guter Freund ist, ist auch der Engel Gottes, und wo der ist, sind auch gute Freunde.
PAUL REHER-BAUMEISTER

Das Leben ist geborgen bei einem treuen Freund, ihn findet, wer Gott fürchtet.
JESUS SIRACH 6,16

Ein Freund ist einer, der erkennt, was wichtig und unwichtig ist, und der nicht vertröstet. Das ist einer, der da ist, auch wenn man noch gar nicht gesagt hat, dass man ihn braucht. Das ist einer, der hält, bevor man abstürzt, der Wege mitgeht, auch wenn man noch gar nicht weiß, dass man sie gehen muss. Der einfach fragt und damit herausfordert, so dass man sich nicht verliert. Der Lasten aushält und dabei nicht viele Worte macht, weil seine Berührung mehr sagt. Den das Dunkel nicht erschreckt und der an das Licht erinnert. Das ist einer, der einfach da ist – ohne *wenn* und *aber* und *erst dann* und *gegebenenfalls* und *vielleicht.*
24. April 2004

Wenn ich mich nicht ganz falsch erinnere, hatte ich meinen ersten Freund, als ich sieben Jahre alt war. Es war ein Junge aus der Nachbarschaft. Ich weiß zwar nicht mehr, wie er hieß – aber ich kann mich noch gut daran erinnern, dass er mir einen seiner größten Schätze schenkte, einen Ring mit einem funkelnden Stein aus dem Kaugummi-Automaten. Das hat mich damals tief beeindruckt. Aber irgendwie hielten unsere Hochzeitspläne trotzdem nicht so besonders lang.

Vom nächsten Freund weiß ich wenigstens noch den Namen: René. Immerhin – ich war da ja auch schon ein Jahr älter. Wir gingen in die gleiche Klasse und hatten denselben Heimweg. Und ich war damals froh über diese männliche Begleitung – Schulwege waren auch vor vierzig Jahren nicht unbedingt sicher.

Ach – und dann gab es noch Bernd. Da war ich wohl neun. Wir turnten zusammen in dem Rohbau des Hauses herum, das in der Nähe gebaut wurde. Natürlich war das streng verboten – aber gerade das reizte uns. Und nach den bestandenen Abenteuern rösteten wir Brot auf der Platte des Kohleofens.

Mit dem Wechsel auf die Mittelschule (wie sie damals hieß) fiel ich dann für einige Jahre in ein schwarzes Loch, was Freundschaften angeht. In der Grundschule hatte ich mich als einziges Mädchen den Jungs angeschlossen – die Mädchen fand ich irgendwie doof. Und spätestens, als ich das erste Mal zusammen mit dem Anführer der Jungengruppe nachsitzen musste, weil wir irgendwas mit Juckpulver angestellt hatten, war ich von den Jungs auch akzeptiert.

Die Mittelschule, auf die ich mit zehn Jahren wechselte, war eine reine Mädchenschule. Und das war für mich eine vollkommen andere Welt. Ich sprach die Sprache der anderen Mädchen nicht, ich verstand ihre Wichtigkeiten nicht, ich war anders. Bleibt einem da etwas anderes übrig, als wenigstens über Leistung und gute Noten etwas Anerkennung zu bekommen?

Eher notgedrungen als überzeugt schloss ich mich dann doch zwei oder drei anderen Mädchen an, wir machten was zusammen – aber so ganz berauschend fand ich das alles nicht. Und das ganze Desaster fand seinen Höhepunkt im Tanzkurs, den man damals noch absolvieren »musste«. Ich war wirklich bereit und willens – aber ich war eben anders. Und so was wurde auch damals schon entsprechend »bestraft«. Natürlich gehörte ich zu denen, die »sitzen blieben« und nicht aufgefordert wurden – und derjenige, der dann übrig blieb, sprach kein Wort und stolperte dauernd über meine Füße. Dann zog ich die Notbremse und entschied kurzerhand: Der Abschlussball findet ohne mich statt.

Meine Rettung war der Wechsel nach der zehnten Klasse aufs Gymnasium, wieder eine reine Mädchenschule. Dort nahmen mich vier Mädchen unter ihre Fittiche und machten mir klar, dass das mit den komischen Hängekleidern ja vielleicht doch nicht so der letzte Schrei war – und wie es denn mit einer Cord-Jeans wäre? Und muss man wirklich immer so brav sein?

Und in der Stimmung kam ich zur katholischen Jugendarbeit. Und ich begann zu leben, mein Leben selbst in die Hand zu nehmen. Es entstanden Kontakte, Beziehungen, Freundschaften. Sehr schnell war ich auf Diözesan-, auf Bundesebene engagiert. Und ich traf Menschen, mit denen ich mich verstand, mit denen ich in Kontakt bleiben wollte. Und mit denen ich in Kontakt blieb.

Diejenigen, die ich Freunde nenne, waren immer in aller Regel über halb Deutschland verstreut. Und es ging und es geht. Man sieht sich selten, hört sich selten – aber die Wege laufen so parallel, dass man problemlos jederzeit wieder da einsteigen kann, wo man vor einem halben oder einem Jahr aufgehört hat. Es gibt Freundschaften, die alle meine Veränderungen, Entwicklungen überstanden haben, andere waren wichtig für einen bestimmen Lebensabschnitt. Aber diejenigen, die ich Freunde nenne, waren und sind wichtig für mich. Und sie werden umso wichtiger für mich, je mehr ich mich in die Zumutung dieses Gottes hineinwage.

Jesus rief die Zwölf zu sich und sandte sie aus, jeweils zwei zusammen.

Markusevangelium 6,7a

Eigentlich ist das ja schon erstaunlich: Er sandte sie aus, jeweils zwei zusammen. Das ist seltsam – und irgendwie auch Verschwendung: Hätte er sie einzeln ausgesandt, hätten sie an zwölf Orte gehen können, so aber nur an sechs Orte. Und in der Lage, alleine zu gehen, wären sie sicher auch gewesen – immerhin: Von Jesus selbst mit Vollmacht ausgestattet! Es wird berichtet, dass sie Menschen heilen und Dämonen austreiben. Hätten sie den Auftrag nicht viel effektiver alleine erfüllen können?

Aber das sind Fragen, die aus unserem funktionalen Denken heraus kommen, aus einem Denken, das mit möglichst wenig Aufwand möglichst viel Erfolg bewirken will. Wir denken in solchen Kategorien wie Nutzen und Zweck und Erfolg und Aufwand. Wir fragen uns: Was bringt es? Und wenn es unterm Strich nichts bringt, dann lassen wir es eben bleiben. Und manchmal, da kommt ein solches Denken auch in unsere Kirchen hinein: Da werden Kirchenbesucher gezählt und Teilnehmerzahlen addiert, da ist der Reinerlös vom Pfarrfest wichtig und da wird die Frage gestellt: Lohnt sich der Aufwand mit der Erstkommunion, wenn anschließend doch so gut wie keiner mehr kommt? Und da kann es geschehen, dass wir unsere Vollmacht, die uns gegeben ist, auch missbrauchen, wenn wir nicht mehr den Dienst am Menschen sehen, sondern nur noch auf das, was unterm Strich herauskommt – und deshalb auch nur noch das tun, bei dem etwas herauskommt.

Ein solches Denken aber liegt Jesus mehr als fern. Er denkt nicht in den herkömmlichen Kategorien von Aufwand und Erfolg, es geht ihm nicht um die Menge, um die Leistung, um die Quantität. Er heilt nicht, damit ihm die Menschen anschließend nachfolgen, er führt keine Statistiken, er rechnet nicht auf – es geht ihm einfach um die Menschen und um das Leben.

Es geht ihm um die Menschen – und ich glaube, genau das ist der Schlüssel, warum Jesus seine Jünger zu zweit losschickt – allen Gesetzen der Rationalität und der Effektivität zum Trotz. Es geht ihm um die Menschen, zu denen er die Jünger hinschickt – aber es geht ihm auch um diejenigen, die er sendet. Er benutzt sie nicht einfach in seinem Interesse, er will, dass es auch ihnen gut geht. Deshalb sendet er die Jünger zu zweit aus...

Zu zweit sein – Freundschaft, Partnerschaft, Ehe – es gibt die verschiedensten Formen. Aber: nicht alleine sein. Und der

Gott, an den wir glauben, ein Gott, der die Menschen liebt, weiß ganz genau: Es ist nicht gut, dass der Mensch allein ist.

Allein sein – auf sich verwiesen sein, für alles da sein müssen, vom tropfenden Wasserhahn bis hin zur Steuererklärung, sich ganz alleine aufraffen müssen, ins Kino zu gehen, zu wandern, ins Schwimmbad. Keiner, der zuhört, niemand, der ein tröstendes Wort sagt, niemand, der nachfragt: Wie geht es dir?

Zu zweit sein – da ist einer, der mitdenkt, einer, dem ich nicht egal bin, einer, der mir den Rücken freihält. Da ist einer, der ein gutes Wort für mich hat, einer, der mich ermutigt, aber auch mal konfrontiert, wenn es nötig ist; das ist einer, der für mich ist, dem ich verbunden bin. Das ist es, was ich mit Freundschaft verbinde.

Freundschaft, das ist Heimat, das ist Geborgenheit – und nur aus solch einer Geborgenheit heraus kann ich mich in die Fremde wagen. Und im Gegensatz zum Verliebt-Sein verliert sich die Freundschaft nicht in sich selbst, sondern ist in der Regel auf ein gemeinsames Drittes ausgerichtet, auf gemeinsame Interessen, ein Ziel, eine gewisse Idee vom Leben.

Mit einem Freund an der Seite ist kein Weg zu lang, so sagt es ein altes Sprichwort. Mit einem Freund an der Seite trau ich mich, die verrücktesten Sachen zu tun, mit einem Freund an der Seite kann ich hinstehen, für eine Sache einstehen. Ein Freund, das ist einer, der mich trägt, wenn ich nicht mehr kann – und der mir offen sagt, wenn er an Grenzen kommt. Das ist einer, bei dem ich weinen kann – und der weiß, wann es notwendig ist, mich in den Arm zu nehmen. Das ist einer, der sich mir zumuten kann – und der mich auch aushält. Das ist ein Miteinander – und das ist nicht nur die gegenseitige Ermutigung, sondern auch die Korrektur. Da erinnert man sich an den Auftrag, an die Idee – und kann den anderen liebevoll darauf hinweisen, wenn er seine »Vollmacht« nicht in den Dienst der Menschen stellt, sondern im Sinne vermeintlichen Erfolgs missbraucht.

Christ-Sein – ich glaube, das geht alleine gar nicht. Es braucht die anderen, die mit mir auf dem Weg sind, die mit mir ausgerichtet sind auf diesen Gott. Es braucht die anderen, damit ich die Radikalität dieses Gottes aushalten kann, es braucht die anderen, damit ich mich senden lassen kann, mich in seinen Dienst stellen kann. Es braucht die Freunde, die mir den Mut geben, die Nähe schenken, damit ich mich selbstlos und vorbehaltlos in den Dienst der Menschen stellen kann – und meinen Dienst nicht dazu missbrauche, Menschen deshalb zu helfen, um geliebt zu werden.

Es braucht die Freunde, damit ich selbst ein bisschen besser Mensch sein kann.

Und ich glaube, genau deshalb sendet Jesus die Jünger zu zweit aus – damit sie nicht verloren gehen angesichts der Größe ihrer Aufgabe, damit sie Mensch bleiben können trotz der Zumutung, in den Dienst genommen zu sein, damit sie selbst ein bisschen besser Mensch sein können – und den Menschen Mensch sein können.

Wer solche Freunde hat, kann sich auf den Weg machen – und wer sich auf den Weg macht, der bekommt solche Freunde zur Seite gestellt.

Zusage

Du brauchst nicht
das Unmögliche
möglich zu machen
du brauchst nicht
über deine Möglichkeiten
zu leben
du brauchst dich nicht
zu ängstigen
du brauchst nicht
alles zu tun
du brauchst
keine Wunder zu vollbringen
du brauchst dich nicht
zu schämen
du brauchst nicht
zu genügen
du brauchst Erwartungen an dich
nicht zu entsprechen
du brauchst
keine Rolle zu spielen
du brauchst nicht immer
kraftvoll zu sein

und du brauchst nicht
alleine zu gehen

Mit Leidenschaft und Gelassenheit (1994)

Und was hat Freundschaft mit Gott zu tun? Ich könnte es für mich ganz einfach so sagen: Jede Freundschaft mit Menschen lässt mich etwas davon erahnen, wie Gott mir Freund sein will, mir Freund ist. Da ist einer, der mich meint, der sich mir zuwendet, der mich anschaut. Da ist einer, der mir nachgeht, der sich um mich sorgt, der mich im Blick hat. Da ist einer, auf den ich mich verlassen kann – bedingungslos. Da ist einer, der seine Liebe nicht an die Erfüllung von Erwartungen knüpft, einer, der mir den Rücken freihält, einer, der mein Leben mit mir teilt. Ja – so verstehe ich Freundschaft und so verstehe ich meinen Glauben an diesen Gott.

Und doch – es gibt auch dunkle Stunden in Freundschaften, dunkle Stunden in meiner Beziehung zu Gott: dann, wenn ich den anderen nicht verstehe, mich vom anderen nicht verstanden fühle. Wenn mir der andere fremd wird, ich die Nähe nicht mehr spüre. Wenn einen manchmal der Alltag so fordert, dass keine Zeit mehr bleibt für das Gespräch miteinander. Wenn eine Bitte scheinbar ungehört im Nichts verhallt ... wenn ich mich frage: Wer bist du für mich? Wenn in mir die Angst wächst, den anderen zu verlieren ...

Freundschaft – das kann manchmal verdammt wehtun. Das kann gerade deshalb so wehtun, weil man sein Herz dem anderen gegenüber geöffnet hat, weil man sich verletzbar und verwundbar gemacht hat. Das kann gerade deshalb so wehtun, weil man den anderen mag. Und das ist mit Gott nicht anders als mit den Menschen ...

Jede echte Freundschaft ist auch eine Zumutung. Ich kann mich und darf mich dem anderen so zumuten, wie ich bin, ich brauche nicht auch noch in dieser Beziehung eine Maske aufzuziehen. Und auch das gilt für Gott und die Menschen. Aber es gilt auch umgekehrt – auch der andere mutet sich mir zu.

Wem Gott seine Freundschaft anbietet, der wird vor eine Entscheidung gestellt. »Ich nenne euch nicht mehr Knechte, vielmehr habe ich euch Freunde genannt!«, so heißt es in den Abschiedsreden Jesu im Johannesevangelium.

Wir können es uns aussuchen, ob wir in unseren Beziehungen Gott und den Menschen gegenüber Knecht oder Freund sein wollen – der Knecht arbeitet gegen Lohn für den Herrn, mit Freunden feiert man Feste! Der Knecht erfüllt seine Pflicht, der Freund gibt sich hin. Der Knecht führt Befehle aus, der Freund sucht das Gespräch und ist notfalls auch zur Auseinandersetzung bereit. Der Knecht ist eine Tatsache, der Freund eine Zumutung, eine Zumutung, die über die Tatsachen hinausgeht. Eine Zumutung, die Visionen im Blick hat, sich nicht mit dem Gegebenen zufrieden gibt, die mehr will und mehr fordert – manchmal über das Menschenmögliche hinaus. Eine Zumutung, in der aber zugleich die Verheißung liegt: »Ich bin da!« Ich gehe mit euch, ich bin bei euch, alle Tage bis ans Ende der Welt! Und im Vertrauen auf diese Zusage müsste es eigentlich möglich sein, alle Menschen– und alle Gotteswege zu gehen, in hellen und in dunklen Stunden! Bei Paulo Coelho bin ich auf eine kleine Geschichte gestoßen, die für mich sehr schön beschreibt, was Freundschaft ist.

Ein Mann, sein Pferd und sein Hund wanderten eine Straße entlang. Als sie nahe an einem riesigen Baum vorbeikamen, erschlug ein Blitz alle drei. Doch der

Mann bemerkte nicht, dass sie diese Welt bereits verlassen hatten, und wanderte mit seinen beiden Tieren weiter. Manchmal brauchen die Toten etwas Zeit, bis sie sich ihrer neuen Lage bewusst werden...

Die Wanderung war sehr weit, führte hügelan, die Sonne brannte, und sie waren verschwitzt und durstig. An einer Wegbiegung sahen sie ein wunderschönes marmornes Tor, das zu einem mit Gold gepflasterten Platz führte, mit einem Brunnen in der Mitte, aus dem kristallklares Wasser floss. Der Wanderer wandte sich an den Mann, der das Tor bewachte.

»Guten Tag!«

»Guten Tag«, entgegnete der Wächter.

»Ein wunderschöner Ort ist das hier, wie heißt er?«

»Hier ist der Himmel.«

»Wie gut, dass wir im Himmel angekommen sind, denn wir haben großen Durst.«

»Sie können gern hereinkommen und soviel Wasser trinken, wie Sie wollen«, sagte der Wächter und wies auf den Brunnen.

»Mein Pferd und mein Hund haben auch Durst.«

»Tut mir leid«, sagte der Wächter. »Tieren ist der Zutritt verboten.«

Der Mann war enttäuscht, weil sein Durst groß war, aber er wollte nicht allein trinken. Er dankte dem Wächter und zog weiter. Nachdem sie lange bergauf gewandert waren, kamen sie an einen Ort mit einem alten Gatter, das auf einen mit Bäumen gesäumten Weg aus gestampfter Erde ging. Im Schatten eines der Bäume lag ein Mann, den Hut in die Stirn gedrückt, und schien zu schlafen.

»Guten Tag«, sagte der Wanderer.
Der Mann nickte.
»Wir haben großen Durst, mein Pferd, mein Hund und ich.«
»Dort zwischen den Steinen ist eine Quelle«, sagte der Mann und wies auf die Stelle. »Ihr könnt nach Lust und Laune trinken.«
Der Mann, das Pferd und der Hund gingen zur Quelle und stillten ihren Durst.
Der Wanderer dankte abermals.
»Kommt wieder, wann ihr wollt«, antwortete der Mann.
»Wie heißt übrigens dieser Ort?«
»Himmel.«
»Himmel? Aber der Wächter am Marmortor hat mir gesagt, dass dort der Himmel sei.«
»Das war nicht der Himmel, das war die Hölle.«
Der Wanderer war verwirrt. »Ihr solltet verbieten, dass sie euren Namen benutzen! Diese falsche Auskunft wird viel Durcheinander stiften!«
»Auf gar keinen Fall. In Wahrheit tun die uns einen großen Gefallen. Denn dort bleiben alle, die es fertig bringen, ihre besten Freunde im Stich zu lassen.«

PAULO COELHO

Ja, ich denke, man darf Freunde nicht im Stich lassen – aber andererseits ist es auch eine Utopie, dass Freundschaften immer ein Leben lang halten müssen. Es gibt Freunde, denen ich unsagbar viel verdanke, die mich geprägt haben – und doch gingen eines Tages unsere Wege auseinander. Mag sein, der eine ist weitergegangen, der andere ist geblieben. Der eine hat sich von Kirche verabschiedet, der andere hat sich neu entschieden. Und manchmal kann man gar nicht genau sagen, warum man sich eigentlich aus dem Blick und dann aus dem Adressverzeichnis verloren hat. Vielleicht ist ja auch meine Kraft, meine Zeit, meine Energie für Beziehungen nur begrenzt und nicht beliebig vermehrbar.

Das alles darf sein.

Wenn mein Leben lebendig ist, dürfen auch meine Freundschaften lebendig sein. Da kann und darf Neues dazukommen – und da kann und darf auch das aufhören, was nicht mehr trägt.

Und doch gibt es Freundschaften, die alle Veränderungen aushalten. Jeder geht seinen Weg – und doch gehen die Wege in die gleiche Richtung. Weil man geht …

Und dann braucht es nur einen Telefonanruf im Jahr, einige Worte – und man versteht sich.

Es gibt Freunde, die alle meine Wege kompromiss– und vorbehaltlos mitgehen – und es gibt Freunde, die mit einer bestimmten Andrea Schwarz zu einer bestimmten Zeit in meinem Leben Freundschaft geschlossen haben, »Lebensabschnittsfreunde« sozusagen. Beide Formen von Freundschaft sind wichtig.

Aber manche Freundschaften bleiben, andere verlieren sich.

Und auch das darf so sein.

Es gibt eine Zeit zum Umarmen – und eine Zeit,
die Umarmung zu lösen

Kohelet 3,5b

Über meinem Schreibtisch hängen einige Fotos, die mir sehr wichtig sind: Das Licht– und Schattenspiel in einer kleinen romanischen Kirche im Elsass, ein Foto von meiner Beauftragung zur Notfallseelsorgerin, und das Bild eines Freundes, der von dieser Wand frech auf mich herunter lacht, als wollte er sagen: »Krieg mich doch!«

Ein Jahr lang gab es eine freie Stelle in diesem »Ensemble«: Da hing einmal ein Foto von mir und einem Menschen, der mir sehr wichtig war, dem ich sehr viel verdanke – und ohne den ich nicht die geworden wäre, die ich heute bin. Das Foto ist ein Schnappschuss, wir stehen beieinander, die Rucksäcke auf den Schultern, und wir schauen gemeinsam in die Wanderkarte. Und für mich hatte dieses Foto immer irgendwie den Titel: »Suchen wir gemeinsam den Weg!«

Dann kam vor zwei Jahren ein Brief, völlig aus heiterem Himmel: Er gibt sein Priesteramt auf, er könne es mir nicht erklären – und dabei war ein fotokopierter Brief, den er an einige nahe Bekannte schickte.

Verstanden habe ich das alles nicht.

Vielleicht war es auch nicht zu verstehen.

Ich war zutiefst verletzt.

Ich war traurig

Ich war ratlos.

Ich fühlte mich ausgeschlossen, in unserer Freundschaft verraten.

Ja, er rief mal an – und sagte als erstes: »Ich hatte gehofft, der Anrufbeantworter wäre dran!«

Und es gab keine Antwort auf meine Fragen.

Und ich blieb allein.

Und ich verstand gar nichts mehr.

Warum? Wieso? Wozu?

Ich habe diesen Menschen sehr gemocht – und ich weiß nicht, ich kann es nicht sagen, warum es für ihn wichtig war, mich in diese Entscheidung nicht einzubinden – und ich weiß bis heute nicht, warum er gegangen ist.

Ab und an höre ich mal von ihm, auf Umwegen, von Freunden. Kürzlich sagte mir ein Bekannter, er habe mit ihm gesprochen und er hätte gesagt, er sei mir einen Brief schuldig.

Ich glaube, er ist mir mehr als einen Brief schuldig.

Ich habe noch einige Male versucht, Kontakt mit ihm aufzunehmen. Ich habe versucht, ihm zu beschreiben, wie es mir mit der Situation geht.

Aber da ging nichts mehr.

So geht es jetzt zwei Jahre lang.

Ich habe keine Lust mehr, solch eine ungeklärte Beziehung mit mir herumzutragen. Ich habe für mich die Entscheidung getroffen.

Falls Du mich brauchst, kannst Du gerne kommen – ich bin da. Aber ich werde nie wieder bereit sein, mich so in unsere Beziehung zu investieren, dass Du mich noch mal so verletzen kannst.

Und ich werde nicht mehr auf Dich zugehen – jetzt bist Du dran, wenn Du überhaupt noch willst.

Und doch – da ist kein Hass, kein Ärger – eher Unverständnis, Ratlosigkeit. Ohnmacht, Traurigkeit.

Du warst mir unsagbar wichtig – und doch muss ich mich von Dir trennen, um nicht selbst unterzugehen.

Es gibt eine Zeit, die Umarmung zu lösen.

Als ich die Entscheidung getroffen hatte, konnte ich das Bild, das uns beide zeigt, wieder in das Ensemble integrieren. Es hängt wieder an der Wand.

Ja, Du warst ein unsagbar wichtiger Mensch für mich – in einer bestimmten Lebensphase. Dafür bin ich Dir unsagbar dankbar. Dein Weg ist jetzt ein anderer als meiner – und ich lasse Dich gehen. Ich halte Dich nicht mehr fest.

Ich danke Dir für die Zeit der Umarmung – und unser Bild soll mich daran erinnern.

Es ist jetzt die Zeit, die Umarmung zu lösen, denn Dein Weg ist ein anderer als meiner.

Ich hätte gerne gewusst, warum es so sein muss. Es scheint keine Antwort zu geben.

Und damit lasse ich Dich – und gehe meinen Weg. Und ich lasse Dich Deinen Weg gehen.

Es gibt eine Zeit, die Umarmung zu lösen …

April 2004

dich
frei
geben

zugegeben
die Lektion
war schwierig
und musste
einige Male
wiederholt werden

aber Liebe
und Freundschaft
haben nichts
mit Rechten und Pflichten
zu tun und nichts
mit einklagbaren Ansprüchen

Liebe und Freundschaft
meint den anderen
und will ihm gut
und missbraucht nicht
und verzweckt nicht
und vertraut und lässt

lässt los
hält nicht fest
schreibt nicht vor
und schreibt nicht fest
lässt den anderen
anders sein

und knüpft
Liebe und Freundschaft
nicht an Bedingung
oder Forderung
lässt sein und werden
und wachsen

und geht mit und ist da
lässt das Unterscheidende
nicht zum Trennenden werden

und will befreien
und stärken

und lässt los
wo es notwendig ist
und ist da
wenn es angesagt ist
und vertraut
bedingungslos

dass du
genau damit
umgehen kannst

    und hat
    doch manchmal
    ein klein wenig Angst

24. November 2001

Freundschaften sind nicht selbstverständlich – sie sind immer ein Geschenk. Deshalb dürfen Freunde auch nie zur Selbstverständlichkeit werden. Und bei allem Grundvertrauen, dass solche Freundschaften tragen – ja, ich wünsch mir, dass mir wirklich ein klein wenig »Angst« und Sorge bleibt, damit ich mit dir eben nicht »selbstverständlich« umgehe, sondern sorgsam und achtsam bleibe, damit unsere Freundschaft nicht in den Belastungen und Anforderungen des Alltags untergeht, sondern die Wichtigkeit bekommt, die sie hat.

Freundschaft

KLAUS RAPP

»Für das Vergangene Dank – für das Kommende Ja«

Liebe Andrea,

der Abgabetermin für diesen Text rückt immer näher und die Einladung, »eine halbe bis eine dreiviertel Seite zu schreiben – und einfach so, als ob ich dir dieses Kapitel meines Lebens abends beim Bier erzähle – und du erzählst mir, was dir dazu einfällt« wird zur Herausforderung. Denn ich möchte mit diesen Ausführungen auch etwas über unsere Freundschaft sagen.

Die Lieblingsstelle der Bibel, die für mich »Freundschaft« am treffendsten beschreibt, ist Johannes 15,15: »Ich nenne euch nicht mehr Knechte; denn der Knecht weiß nicht, was sein Herr tut. Vielmehr habe ich euch Freunde genannt, denn ich habe euch alles mitgeteilt, was ich von meinem Vater gehört habe.«

Gott geht in Jesus Christus ohne Vorbehalte auf uns Menschen zu. Keine Vorbedingung ist gestellt, keine Vorleistung muss erbracht werden. Kein Abhängigkeitsverhältnis wird beschrieben, sondern eine Beziehung, die von vorneherein – zumindest einseitig von Gott her und bedingungslos als Beziehung unter Freunden beschrieben wird. Die Freundschaft Gottes mit uns Menschen ist öffentlich, sie wird beim Namen genannt, Gott bekennt sich zu mir, ich darf auch ihm Freund sein.

Wohl braucht Freundschaft Pflege, sie braucht Zeit, sie braucht eine Symbolik, sie muss immer wieder ins Wort gebracht werden und Freunde dürfen sich immer wieder ihrer Freundschaft vergewissern.

Für mich ist Freundschaft eine eindeutige und zeitlose Haltung den Freunden gegenüber, ja selbst denen gegenüber, die als »Lebensabschnittsfreunde« bezeichnet werden.

In der Freundschaft muss es Entwicklung, Veränderung und Bewegung geben dürfen. Immer wieder betreten Freunde Neuland, vor dem sie keine Angst zu haben brauchen, denn sie betreten es aus festem Boden heraus und sie betreten es gemeinsam. Freunde können auf eine gelungene Wegstrecke zurückblicken und sie setzen gemeinsam ihren Fuß auf das Neuland mit der Erfahrung der gelingenden Geschichte.

Für mich am treffendsten drückt diese Erfahrung Dag Hammarskjöld aus: »Für das Vergangene Dank – für das Kommende Ja.« Dies ist mir zur Lebensweisheit geworden. So kann ich die Freundschaften sehen, die ich leben darf. Und so sage ich auch zur Freundschaft mit dir weiterhin ein deutliches, freudiges und von Herzen kommendes JA.

Klaus Rapp

HEIMAT

Für uns
stehen die Herbstzeitlosen auf
in den braunen Wiesen des Sommers,
und der Wald füllt sich
mit Brombeeren und Hagebutten –
HILDE DOMIN

Glaube aber bedeutet: Das feste Vertrauen auf das Erhoffte, ein Überzeugtsein von dem, was man nicht sieht. Durch Glauben gehorchte Abraham dem Ruf, wegzuziehen an einen Ort, den er zum Erbe erhalten sollte; und er zog weg, ohne zu wissen, wohin es ging. Durch Glauben ließ er sich als Fremder im Land der Verheißung wie in der Fremde nieder und wohnte mit Isaak und Jakob, den Miterben derselben Verheißung, in Zelten. Denn er erwartete die Stadt mit den festen Grundmauern, deren Planer und Baumeister Gott ist. Im Glauben sind diese alle gestorben, ohne die Verheißung erlangt zu haben: sie haben bekannt, dass sie Fremde und Gäste auf der Erde sind. Denn die so sprechen, geben zu verstehen, dass sie eine Heimat suchen.
HEBRÄERBRIEF 11,1.8-10.13-14

Manchmal ist in mir soviel Sehnsucht, endlich angekommen zu sein.
Tagebuch vom 10. Februar 2002

Als ich meine Liste mit den Überschriften der einzelnen Kapitel an den Lektor des Verlags Herder schickte, schrieb er in einer E-Mail zurück: »Das Wort ›Heimat‹ in Ihrer Liste überrascht mich – und es erstaunt mich, dass das Wort ›Sehnsucht‹ nicht auftaucht.«

Vielleicht liegt es daran, dass für mich beides etwas miteinander zu tun hat. Ich bin »heimatlos« aufgewachsen. Meine Mutter kommt aus Ostpreußen, mein Vater aus Schlesien – und nach den Wirren des Zweiten Weltkriegs haben die beiden sich in Wiesbaden wieder getroffen. Die Erinnerung an ihre Heimat haben meine Eltern immer wachgehalten – und das war eben nicht Wiesbaden, sondern das war ein Ort, »an den man nicht mehr hin kann«. Ich wuchs auf mit gelegentlichen schlesischen und ostpreußischen Dialektwörtern, mit Schwarzweiß-Dias von der Kurischen Nehrung und dem Rathaus von Breslau.

Aber eine Heimat, die man nicht kennt und in die man nicht hin kann, ist irgendwie keine Heimat. Nein, es war mir als Kind, als junger Mensch nicht bewusst – und ich habe auch nicht darunter gelitten. Wenn man etwas nicht erlebt hat, kann es einem auch nicht fehlen.

1979 zog ich von Wiesbaden in den Schwarzwald – und dort habe ich genau das nachgeholt: Ich habe mich beheimatet. Ich habe mich in eine Landschaft verliebt, habe die Menschen mit ihrem Dialekt und ihrer Art zu leben schätzen gelernt, fühlte mich zu Hause, war vertraut mit dem Landstrich zwischen Kinzig, Dreisam und Vogesen. Ich lebte gern dort – und doch war es mir nicht bewusst.

Meine Mutter wurde 1993 krank; und schnell war mir

klar: Wenn ich meine Eltern auf ihrem letzten Lebensabschnitt begleiten und unterstützen will, macht es wenig Sinn, 200 Kilometer entfernt zu wohnen. In meiner freiberuflichen Tätigkeit damals war es nicht so wichtig, wo ich denn wohne.

Ich fand eine Wohnung in der Nähe von Alzey in Rheinhessen, eine vollkommen andere, für mich spröde Landschaft. Und dort sprach man anders, lebte anders, ich kannte keinen Menschen – und ich fühlte mich irgendwie verlassen und verloren, auch wenn ich damals nicht verstand, warum das so war.

Das wurde mir erst bei Wanderexerzitien mit den Pfadfindern im Elsass klar. Ich atmete auf, als ich in der vertrauten Landschaft war, den Dialekt wieder hörte, das ganz besondere Licht, das dort am Abend über dem Rheintal liegt, regelrecht in mich aufsog. Hier war ich zu Hause. Hier hatte ich Heimat erfahren – und wieder war mir Heimat genommen worden. Ohne bösen Willen, ohne Absicht – aber meinen Eltern zuliebe hatte ich einen mir vertrauten Lebensbereich, in dem ich mich wohlfühlte, aufgegeben.

Wir wanderten schweigend auf den Odilienberg hinauf – und ich dachte nur: Ja, aber – wo kann ich denn dann zu Hause sein? Wer oder was hält mich, trägt mich – wenn alles andere nicht mehr trägt?

In diesen Tagen begleitete uns die Stelle aus dem Hebräerbrief – und sie fiel genau in mein Fragen hinein: »Denn die so sprechen, geben zu verstehen, dass sie eine Heimat suchen« (Hebräerbrief 11,14).

Damals habe ich für mich ganz neu Gott gefunden. Er wurde zur Antwort auf mein Suchen und meine Heimatlosigkeit. Meine Sehnsucht hat einen Namen bekommen und meine Heimat einen Ort.

Der allerdings ist auf keiner Landkarte zu finden.

Und die Herausforderungen fangen damit erst an …

Das Segel
ist die Liebe

ein Ahnen spüren
der Sehnsucht
Raum geben

meinen Namen hören
und wissen
jetzt

ich geb
mich der Kraft
verlier mich
ans Unterwegs-Sein

und find mich
auf hoher See
und in den Wind
gestellt

und werde unendlich
beheimatet

Advent 1996

In jener Zeit sprach Jesus zu seinen Jüngern: Euer Herz erschrecke nicht. Glaubt an Gott und glaubt an mich! Im Haus meines Vaters sind viele Wohnungen. Wäre es nicht so, hätte ich es euch dann gesagt: Ich gehe, um euch einen Platz zu bereiten? Und wenn ich gegangen bin und euch einen Platz bereitet habe, komme ich wieder und werde euch zu mir nehmen, damit auch ihr seid, wo ich bin. Und wohin ich gehe – den Weg dorthin kennt ihr. Thomas sagte zu ihm: Herr, wir wissen nicht, wohin du gehst. Wie können wir dann den Weg wissen? Jesus sagte zu ihm: Ich bin der Weg, die Wahrheit und das Leben. Niemand kommt zum Vater, außer durch mich.

Johannesevangelium 14,1–6

Vor einigen Jahren war ich sechs Wochen lang zu Fuß nach Santiago de Compostela unterwegs – sechs Wochen lang mit dem Rucksack quer durch Nordspanien, auf dem Weg zum legendären Grab des Apostels Jakobus ...

Ein wunderschöner Weg, nicht immer leicht zu gehen, es war nicht immer leicht, unterwegs zu sein – aber ich glaube, das Allerschwerste an dem Weg ist das Ankommen in Santiago und dann die Rückkehr in den Alltag.

Damals, kurz vor Santiago, habe ich gedacht: Wenn ich einmal, am Ende meines Lebens, bei meinem himmlischen Vater ankomme, heimkomme, dann möchte ich dort auch bleiben dürfen, dann will ich nicht noch einmal von vorn anfangen. Wenn ich dieses Ziel meines Lebens erreicht habe, möchte ich auch bleiben dürfen. Seit dem Zeitpunkt ist mir der Gedanke an Wiedergeburt und Reinkarnation ausgesprochen lästig und unangenehm – und seit der Zeit mag ich das Lied »Wir sind nur Gast auf Erden« noch mehr. Ja – wir sind

Gast auf Erden, unsere eigentliche Heimat, unsere eigentliche Wohnstatt aber, die ist im Himmel. Und wenn wir eines Tages sterben, wenn wir zu unserem Gott gehen, dann dürfen wir heimkommen …

Nichts spricht dagegen, dass wir unser Leben hier auf der Erde genießen dürfen und sollen und können – und ich lebe ausgesprochen gern. Wir dürfen hier zu Gast sein und unser Gastsein durchaus genießen – aber wir haben jetzt schon ein Wohnrecht im Himmel – und der Platz ist für uns schon vorbereitet: »Im Hause meines Vaters gibt es viele Wohnungen!«

Und es werden Wohnungen sein, für die wir weder Miete noch Kaution zahlen müssen, es gibt keine Kehrwoche und keine Schneeräumpflicht, und wir werden uns nicht mehr mit undichten Wasserleitungen und quietschenden Gartentoren befassen müssen.

Aber – wissen wir noch, was es heißt, daheim zu sein, an einem Ort zu wohnen? Können wir das überhaupt noch in unserer heutigen Zeit: heimkommen? Wir sind auf der ganzen oder zumindest der halben Welt zu Hause – und selbst wenn wir nicht persönlich da waren, so liefert uns das Fernsehen doch alle Bilder ins Haus. Die Skyline von New York ist uns so vertraut wie die Hauptstraße in Gaggenau. Freunde, vielleicht auch die Familie, wohnen in ganz Deutschland verstreut, wenn nicht sogar noch weiter weg. Ein Freund ist grad nach Mallorca gezogen, eine Bekannte will nach Südafrika, das Münzengemisch in der Schublade ist bunt – und wurde durch die Einführung des Euro nur ein bisschen eingedämmt.

Aber – wer überall zu Hause ist, der ist eigentlich nirgendwo daheim.

Mich hat ein Satz sehr berührt, den ich in einem Roman

von Henning Mankell gelesen habe, in dem Buch »Der Chronist der Winde«. Es ist die unsagbar zärtliche und doch zugleich unsagbar harte und brutale Lebensgeschichte eines zehnjährigen afrikanischen Straßenjungen – und an einer Stelle dieses Romans sagt Nelio, der Straßenjunge: »Die Menschen heute bauen keine Häuser mehr, sie bauen Verstecke!«

Die Menschen bauen keine Häuser mehr, sie bauen Verstecke. – Könnte es sein, dass auch wir ein Versteck aus unserem Leben gemacht haben? Ein Versteck vor den anderen Menschen, ein Versteck vor mir selbst, ein Versteck vielleicht auch vor Gott? Könnte es sein, dass wir deshalb überall zu Hause sind, weil wir uns gerade damit umso besser verstecken können?

Kann es sein, dass deshalb unsere Sehnsucht so groß geworden ist, dass wir die unmöglichsten Sachen probieren, um glücklich zu werden, das große Los zu ziehen, dorthin zu fahren, wo noch keiner von den Nachbarn war, das Auto zu fahren, das kein anderer fährt?

Heimkommen, endlich Heimat finden, zu Hause sein. »Ich bin der Weg, die Wahrheit und das Leben!« – wer an ihn glaubt, braucht die Verstecke des Lebens nicht mehr. Mag sein, dass genau das die unendliche Sehnsucht unseres Lebens ist – keine Verstecke mehr zu brauchen …

Kurz vor seinem Sterben erinnert sich Nelio, der zehnjährige Straßenjunge in Mankells »Chronist der Winde«, an seinen Vater. »Mein Vater war ein sehr kluger Mann«, sagt Nelio. »Er lehrte mich, zu den Sternen aufzuschauen, wenn das Leben schwer war. Wenn ich den Blick dann wieder auf die Erde senkte, war das, was eben noch übermächtig war, auf einmal klein und einfach.«

Wenn wir zu den Sternen schauen, wenn wir auf Gott schauen, wenn wir darauf vertrauen können, dass wir eines Tages zu ihm heimkommen werden und dürfen – dann brauchen wir hier keine Verstecke mehr. Dann brauchen wir uns nicht mehr zu verstecken – vor keinem anderen, nicht vor mir – und nicht vor Gott.

Und jeden Tag mehr leben. Jahreslesebuch (2003)

Geborgenheit
das ist zu wissen
wo man hingehört

nur
das sind Menschen
und nicht einfach
eine Dreizimmerwohnung

Ich mag Gänseblümchen (1985)

Wenn ich weiß, wo ich wirklich hingehöre, kann ich auch all das Vorläufige schätzen, das mir hier geschenkt wird. Dann kann ich nach einem Kurs gerne nach Viernheim zurückkommen und mich an der Vertrautheit meiner Wohnung freuen, an dem gewohnten Alltagsstress in den Pfarrgemeinden, am Zusammen-Sein mit Freunden. Das ist mein Zuhause.

Aber all das ist vorläufig.

In zehn Jahren werde ich an einem anderen Ort wohnen, mit manchen Freunden werde ich dann keinen Kontakt mehr haben, andere sind vielleicht neu dazugekommen. Vielleicht wird meine Arbeit eine ganz andere sein.

Und doch wird es bei aller Suche, bei aller Sehnsucht, die kleinen Zeichen geben, in denen ich, anfanghaft vielleicht, ein wenig Heimat, ein wenig Angekommen-Sein erleben darf: Heimat, das ist der Weihrauch im sonntäglichen Hochamt, der in den Strahlen der Sonne langsam nach oben zieht, das »Transeamus« in der Heiligen Nacht, und eigentlich auch, so komisch sich das anhören mag, der Waldfriedhof in Viernheim – dort, wo ich mich finden kann in wiederkehrenden Ritualen, wo mir etwas vertraut ist, was ich mag.

Heimat, das ist all das, in das ich mich hineingeben und in dem ich mich wiedererkennen kann, das sind die »Landmarken«, an denen ich mich orientieren kann, wo ich gerade bin.

heim
kommen

fetzen von melodien
farben in einem bild
worte wohlvertraut

eine angelehnte tür
eine umarmung
ein blick

einen
moment
lang

sich verstanden fühlen
angenommen sein
geliebt werden

die ungeborgenheit vergessen
die erfüllung willkommen heißen
der hoffnung raum geben

heim
kommen

um neu
aufzubrechen

2. Januar 2002

Auch Kirche gehört für mich dazu. Inzwischen kann ich das, was mir Kirchen und Kirche sind, mit einem Wort ausdrücken: Sie sind mir Heimat. Heimat, das kann ein Ort sein, das können Menschen sein, das kann eine Verbundenheit sein, eine Idee, eine Vertrautheit, ein Miteinander.

Heimat – das sind für mich zum einen ganz konkrete Kirchenräume – das ist die romanische Kirche in Rosheim im Elsass, das ist der Limburger Dom, das Freiburger Münster, die kleine Kirche in Freimersheim – und auch unsere beiden Kirchen hier in Viernheim. In einer Kirche zu Hause zu sein, das geht nicht mit dem Kopf, das hat etwas mit Gefühl und Empfinden zu tun: das Licht, das auf eine Säule fällt und sie in Hell und Dunkel trennt, die brennenden Kerzen vor dem Marienaltar, das Farbenspiel in St. Michael, wenn die Sonne am Abend durch die Glasfenster scheint und die Engel im Altarraum bunt anzieht. Es ist etwas durchaus sehr Sinnliches, was ich da spüre und empfinde – etwas, von dem ich mich ergreifen, berühren lasse: die Weite eines Raumes, das Spiel des Lichts, die Kühle des Weihwassers, der Duft des Weihrauchs, der Gesang, die vertrauten Worte des Priesters. Dazu braucht es einen heiligen Raum, der abgesondert ist, der genau dadurch herausgehoben wird, zu einem eigenen Raum wird – zu einem Ort, der dem Gebet und der Begegnung des Menschen mit Gott vorbehalten ist. Dafür brauche ich einen Raum, der für nichts anderes als eben dafür da ist, in ihm und mit ihm Erfahrungen zu machen. Dafür brauche ich einen Ort, der eben nicht dem »Kosten-Nutzen-Denken« als alleiniger Kategorie unterliegt, sondern der einfach sein darf, der in sich wichtig ist, der sich unterscheidet, der erinnern will an eine andere Welt – und der mir dafür Raum bietet.

Und ich brauche Kirche als Heimat – ich brauche die Menschen, die mit mir auf dem Weg sind, die genau wie ich so verrückt sind, auf diesen Gott zu setzen und eben nicht auf den Lottoschein. Ich brauche die Verbundenheit mit Menschen, die eine Sehnsucht nach Leben umtreibt, die lebendig sein wollen – und die zugleich darum wissen, dass Lebendig-Sein auch immer das Vergehen mit einschließt, das Gehen in die falsche Richtung. Ich brauche die Idee von Kirche – und ich brauche die Institution Kirche, die mit ihren Strukturen auch Garant dafür ist, dass Glaube, dass Gott nicht in unsere Beliebigkeit gerät. Ich brauche den Priester und die Bischöfe und auch den Papst, damit sie mich daran erinnern, dass es mehr als das gibt, was unsere Gesellschaft uns vorgibt zu geben, dass Lebendigkeit mehr ist als die fröhliche Frühstücksmargarine, McDonald's und das Reihenhäuschen im Vorort.

Und wenn ich immer wieder einmal auch an dieser Kirche leide, dann kommt es einfach daher, weil ich sie liebe. Leiden kann ich nur an etwas, was mir wichtig ist – an etwas Unwichtigem leide ich nicht. Wer liebt, wirklich liebt, der wird verletzbar, weil ihm eben nicht egal ist, was der andere macht und tut. Aber wer wirklich liebt, der liebt so, dass er dieses Leiden am anderen aushält. Und genau das spiegelt sich in unserer deutschen Sprache wider, wenn wir sagen: Ich kann dich leiden – ich kann dich aushalten mit all dem, was an dir menschlich ist – weil ich dich liebe. Ich kann dich auch mit all dem »erleiden«, was eben nicht perfekt an dir ist: weil ich dich liebe.

Ich brauche Kirchen, die mir Heimat geben, Kirchen, in denen ich beten kann, Eucharistie mitfeiern kann, eine Kerze anzünden kann für einen Menschen, der mir nahe steht. Kirchen, in denen ich zur Ruhe kommen kann, weil sich der Alltagslärm gedämpfter anhört. Und ich brauche Kirche als Heimat, als etwas, in dem ich zu Hause bin, das mir vertraut ist, das mir Schutz und Geborgenheit schenkt, weil ich in ihr meinen Glauben leben darf, weil ich durch sie glauben lernen durfte. Kirche – das ist so ein bisschen wie die eigene Familie oder gute Freunde: Man kennt sich, man ist vertraut miteinander, man streitet auch mal, man ist nicht unbedingt immer glücklich miteinander – aber man gehört halt zusammen. Und wenn es Spitz auf Knopf geht, dann steht man füreinander ein, ohne Wenn und Aber.

Den Aufbruch hin zum Leben kann der wagen, der weiß, wo er zu Hause ist, wo seine Heimat ist. Die eigentliche Heimat von uns Christen ist Gott, ist unser Glaube – aber ich brauche Kirchen und Kirche, damit ich diese Heimat hier auf Erden auch leibhaftig erfahren und erahnen kann.

Darum brauche ich Kirche und die Kirchen – um mich dem Leben mit all seiner Lebendigkeit stellen zu können, um mich herausrufen zu lassen aus dem monotonen Einerlei meines Alltags, um aus der Geborgenheit heraus immer wieder neu den Aufbruch wagen zu können, um mir eine vorläufige Heimat zu bieten, aus der heraus ich die zukünftige Heimat anstreben kann und darf.

Meine Stärke und mein Lied
ist der Herr
EXODUS 15,2

Angekommen

hinausgetrieben
sehnsuchtsvoll
mich lösen
lassen

mich nicht einrichten
nicht sesshaft werden
mein Herz
an nichts und alles hängen

ja
zur Nicht-Heimat
frei werden
weil ich nichts festhalten muss

und mich beheimaten
in dem
der aus Liebe zu uns
heimatlos wird

1996

Heimat

URSULA GEISSNER

»Vielleicht klappt es ja mal mit einer gemütlichen Tasse Kaffee in St. Märgen!« schreibt Andrea Schwarz und ich denke, »ja, wenn sich unsere Wege wieder einmal kreuzen.« Denn wir haben uns an Kreuzungen getroffen, beide unterwegs, immer von irgendwoher und immer irgendwohin. Auf der Suche nach Heimat?

Heimat ist ein schreckliches Wort, für mich. In der Heimat muss man die Kirche im Dorf lassen, sich an die Regeln halten, sich an Leute erinnern und an Anekdoten, immer dieselben, wird als Tochter von … eingeordnet. Heimat ist der Ort, an dem der Spruch: du hast dich überhaupt nicht verändert, ein Kompliment ist.

Nein, dahin zieht es mich nicht. Und wenn schon, wie bei einer Familienfeier, bleibe ich am Rande, immer nahe an der Tür, fluchtbereit. Sicher, vom Rand aus kann man auf die schiefe Bahn kommen, abstürzen in die ungesicherten Zwischenräume. Auch das ist beängstigend.

So balanciere ich als Grenzgängerin, sehe dorthin, wo die aus Heimat Gefallenen sind: in Krankenzimmern, in Zellen, in Lagern, mutterseelenallein. Deshalb finde ich auch die Zusage »in meines Vaters Haus sind viele Wohnungen« (Johannesevangelium 14,2) so tröstlich. Da soll es dann ganz anders sein, keine Krankenzimmer mehr, keine Zellen, keine Lager, niemand mehr mutterseelenallein. »Denn das Erste ist vergangen« (Offenbarung 21,4).

Dr. Ursula Geißner

HINGABE

Ich bin überzeugt, dass Gott niemanden für sich allein beruft.
EDITH STEIN

Du sollst den Herrn, deinen Gott, lieben mit ganzem Herzen, mit ganzer Seele und mit ganzer Kraft.
DEUTERONOMIUM 6,5

Ich bin zur Antwort bereit. Ich bin bereit, mich dir zu geben. Ich bin bereit, mich dir anzuvertrauen, dir mein Leben zu geben, mich von dir in Dienst nehmen zu lassen.
Tagebuch vom 18. Oktober 1997

Und die Herausforderungen fangen damit erst an …

Meine Suche nach Heimat hat mich damals neu und noch mal anders auf die Spur nach Gott gesetzt. Ja, ich glaubte schon vorher an Gott, und ich war froh über meinen Glauben. Aber es war ein Gott für stille und ruhige Stunden, für sonn– und feiertags, für besondere Anlässe. In meinem Alltagsleben kam er oft genug nicht vor.

Aber so verloren wie ich mich damals fühlte, blieb mir nur, mich an den zu halten, mich dem zu geben, der sich mir gegeben hatte.

Ich betete mich ins Stundengebet hinein und erlebte die heilsame Wirkung der sich wiederholenden Gebetszeiten und –texte. Ich spürte die Kraft der Psalmen und wie unsagbar entlastend es sein kann, den Alltag mit all seinen Banalitäten Gott geben zu können. Ein Weg hatte für mich neu angefangen – auch wenn ich keine Ahnung hatte, wohin dieser Weg mich führen würde. Aber ich meinte das Stoßgebet, das mich damals begleitete, sehr, sehr ernst: »Herr, zeige mir deinen Weg – ich will ihn gehen in Treue zu dir!«

Ich erinnere mich an einen Nachmittag 1996; ich hatte mit meinem geistlichen Begleiter wieder einmal darüber gesprochen, wie die nächsten Schritte in meinem Leben aussehen sollten. Im kommenden Jahr waren sieben Wochen im Kalender für die Wallfahrt nach Santiago eingeplant, im Herbst würde ich dann eventuell mit dem Theologiestudium beginnen.

Eigentlich war es klar – und doch gab es da noch im Terminkalender einige Kurse in der Wirtschaft, hervorragend bezahlt. Und weiteren Kursen in der Richtung stand eigentlich auch nichts im Wege – außer meinem komischen Gefühl, dass ich dort eigentlich nicht hingehörte. Eigentlich müsste ich diese Kurse abgeben – aber machte es wirklich Sinn, gerade diese gut bezahlten Kurse abzusagen, wenn ich mit dem Studium anfangen würde? Dann würde ich die freiberufliche Tätigkeit sowieso reduzieren müssen – und es könnte finanziell eng werden. Also – was tun?

Unser Gespräch an diesem Nachmittag endete offen – und ich fühlte mich hin- und hergezogen.

Als ich heimkam, war es später Nachmittag. Ach, dachte ich, ich könnte eigentlich die Vesper beten – und das tat ich dann auch. Und ich betete die vertrauten Psalmen und blätterte um – und da war als Schriftstelle vorgesehen: »Ihr könnt nicht beiden dienen, Gott und dem Mammon« (Matthäusevangelium 6,24b).

Ich saß sprachlos in meiner Gebetsecke – aber damit war es entschieden, damit war alles klar. Mein Weg geht mit diesem Gott.

Ich signalisierte den Trainerkollegen aus der Wirtschaft, dass ich die zugesagten Termine einhalten würde – aber nicht bereit wäre, neue Verpflichtungen einzugehen.

Und rückblickend kann ich sagen – es hat so gestimmt. Ich bin nicht reich geworden mit dieser Entscheidung, aber das hatte sowieso nie zu meinen Lebenszielen gehört. Aber ich bin glücklich damit geworden. Und mein Leben hat eine ganz andere Dimension bekommen.

Oder, um es mit Edith Piaf und einem meiner Lieblingslieder zu sagen: »Non, je ne regrette rien!«

Gott hat mir die Freiheit der Entscheidung gelassen – aber es ist schon die Frage: Antworte ich mit meinem

Leben – oder mit irgendwelchen Aktivitäten, mit Machen und Tun? Und wie entscheide ich mich? Wenn ich Nachfolge antreten will, wenn ich meinen Glauben leben will, dann geht das nicht nur nebenbei oder »immer wieder sonntags«. Da bin ich gefragt – und Halbherzigkeit ist keine christliche Tugend …

Seht, ich sende euch wie Schafe mitten unter die Wölfe. Seid also klug wie die Schlangen und ohne Falsch wie die Tauben!

Matthäusevangelium 10,16

Zugegeben – dieser Text aus dem Matthäusevangelium ist eine Zumutung – und die Tatsache, dass Jesus diese Worte im Rahmen der Aussendungsrede an die zwölf Apostel spricht, macht ihn nicht gerade erträglicher. Er vergrößert eher die Gefahr, diesen anstößigen Text schnell an die Seite zu legen und zu vergessen und am besten überhaupt nichts dazu zu sagen.

Aber – wer die Nachfolge Jesu antreten will, kann sich nicht damit trösten, dass ja mit diesen harten Worten nur ein enger Kreis der Jünger gemeint sein soll.

An Gott scheiden sich die Geister – und wer sich für Gott, wirklich für Gott entscheidet, der hat es nicht immer leicht mit dieser Entscheidung. Zu anderen Zeiten und an anderen Orten war es ein Verbrechen, Christ zu sein – und auch heute noch ist das Christentum die am meisten verfolgte Religion auf dieser Erde.

Aber wir brauchen gar nicht so weit zu gehen – wir kennen es doch, das mild nachsichtige Lächeln der Kollegen am Arbeitsplatz, wenn man sich zu seinem Christsein bekennt, die Auseinandersetzungen mit den eigenen Kindern, die mit dem Glauben nichts mehr zu tun haben wollen, die hämischen Überschriften in der Boulevardpresse oder auch das Unverständnis der Freunde, wenn man sich für die Kirche engagiert.

Wer sich für etwas entscheidet, ganz und gar, nicht nur mit halbem Herzen, der wird immer bei denen anecken, mit denen Schwierigkeiten bekommen, die eine andere Entscheidung getroffen haben – und wahrscheinlich viel mehr noch mit denen, die überhaupt keine Entscheidung getroffen haben.

Aber es gilt, eine Entscheidung zu treffen und sie durchzutragen – mit allen Konsequenzen – und es ist eine Entscheidung, die nicht nur nette, theoretische Worte erfordert, sondern mein Leben.

Manchmal hat man zu antworten, in unvorhersehbaren und unaufschiebbar schicksalhaften Augenblicken des Lebens: hat zu antworten, auf alles. Wer bin ich? Was habe ich vor? Gegen wen, für wen will ich sein im Leben? Warum? Mit welchen Fähigkeiten, Instrumentarien, Mitteln, mit welchem geistigen Rüstzeug? Und was das Wichtigste ist: mit welchem Ziel? ... Wie weit bin ich? Habe ich noch Reserven an Opferbereitschaft, Selbstlosigkeit, oder will ich nur noch Restbestände bewahren und retten? Das ist der Augenblick im Leben, da man zu antworten hat. In dem eine Antwort erwartet wird; die Stille ist groß, dramatisch. Doch dann erfährst du, wirst du gewahr, dass man auf solche Fragen nicht mit Worten, sondern nur mit dem Leben antworten kann.

Sándor Márai

Es gilt, mit dem Leben auf die Fragen des Lebens zu antworten – und das ist nicht immer leicht. Umso tröstlicher, dass Jesus seinen Jüngern eine Zusage mit auf den Weg gibt.

Diese Zusage heißt: Gottes Geist wird bei uns sein und uns, ihm zum Zeugnis, eingeben, was wir sagen sollen – wenn wir etwas sagen sollen.

Wir brauchen unseren Weg nicht alleine zu gehen – sondern Gott selbst wird mit uns sein.

Jesus gibt drei Ratschläge mit auf den Weg:

Seid klug wie die Schlangen! Wir sollen nicht dumm und unbedarft in alle möglichen Fettnäpfchen hineintreten, wir können und sollen unseren Verstand gebrauchen. Christsein und Nachdenken schließen einander ein und nicht aus.

Seid ohne Falsch wie die Tauben! Auch das ist keine Einladung, die Dummheit zu leben, sondern »lauter« zu sein, ein Wort, das leider aus unserer deutschen Sprache zunehmend verschwindet. Das bedeutet, »ohne Falsch« zu sein, den anderen nicht auszutricksen, nicht unter die Gürtellinie zu schlagen, fair zu sein – in einem guten Sinne »unschuldig«.

Und nicht zuletzt: *Wenn man euch in einer Stadt verfolgt, so flieht in eine andere.* Nicht Standhalten um jeden Preis ist gefragt, sondern es gibt Situationen und Konflikte, denen man sich entziehen kann, muss und darf. Das hat eine gute Tradition – das war schon das erste Erlebnis des neugeborenen Jesus, die Flucht. Maria und Josef wussten nur zu genau, dass sie gegen die Streitmacht des Herodes nicht ankommen konnten, dass sie zu schwach waren, um sich zu wehren, die Gefahr zu groß, dass das Schützenswerte vernichtet würde, so dass sie, um gerade dies zu retten, die Flucht ergriffen. Es gibt Konflikte und Situationen, denen man sich entziehen muss, in denen Flucht der einzige Weg ist, um die eigene Entscheidung durchtragen zu können, um das Schützenswerte zu schützen. Zugegeben – es ist nicht immer leicht, die Entscheidung für Gott ein Leben lang durchzutragen. Aber wenn man es schafft, dann können wirklich verblüffende Dinge geschehen – oder wie es im Evangelium heißt: »Wer aber bis zum Ende standhaft bleibt, der wird gerettet.«

Ich denke, einen Versuch ist es wert.

Und jeden Tag mehr leben. Jahreslesebuch (2003)

Nach meiner Entscheidung an jenem Nachmittag 1996 hat es kein halbes Jahr gedauert, dass ich Angelo Stipinovich, einem südafrikanischen Priester der Diözese Mainz über die Füße gestolpert bin – oder er mir. Er wurde Pfarradminstrator in unserer kleinen Gemeinde in Freimersheim – und wir haben uns in diesem Glauben an Gott gefunden. Und anderthalb Jahre später hatte ich eine halbe Stelle als pastorale Mitarbeiterin in den beiden Pfarrgemeinden in Viernheim, die er als Pfarrer leitet.

Lieber Angelo,
gestern morgen im Gottesdienst ist mir etwas klar geworden. Ja, ich bin auf einem Weg mit Gott, ich fühle mich dazu berufen, mit meinem Leben Antwort auf seine Einladung zu sein – und existentielle Grundlage meines Lebens ist meine Beziehung mit diesem Gott.

Aber – dann bin ich auch verantwortlich dafür, wie ich diese Beziehung lebe und wie sie sich weiterentwickelt, um sie dann auch wieder in den Dienst der Menschen zu stellen. Dieses »wozu?« ist mir unsagbar wichtig – mein Glaube will nicht nur, dass es mir persönlich gut geht, sondern es geht für mich auch darum, dass ich einen Dienst zu tun habe. Ich habe einen Auftrag – und ich habe eine Verantwortung diesem Auftrag gegenüber. Wenn ich Glauben weitergeben, weitersagen will, dann muss ich selbst vom Glauben getragen und gehalten sein. Wenn ich Menschen zum Leben befreien will, dann muss ich selbst zum Leben befreit sein, und dazu gehört eben auch, dass ich mich spirituell nicht bequem zur Ruhe setze, mich auf dem »Erreichten« ausruhe, sondern dass ich mich von Gott, von meinem Glauben immer wieder so herausfordern lasse, dass ich daran weiter wachse – auch im Interesse der Menschen, mit denen ich arbeite.

Mir ist die Schriftstelle aus dem 1. Petrusbrief sehr wichtig geworden: »Seid stets bereit, jedem Rede und Antwort zu stehen, der nach der Hoffnung fragt, die euch erfüllt!« (1. Petrusbrief 3,15). Und man könnte fast zwei moderne Beichtspiegelfragen aus dieser Stelle ableiten: Welche Hoffnung erfüllt mich wirklich – und lebe ich so, dass andere Menschen mitbekommen, dass mich diese Hoffnung erfüllt? Wenn das der Fall ist, dann brauche ich anderen Menschen diese Hoffnung nicht unaufgefordert hinterher zu tragen – sondern dann werden sie von alleine auf mich zukommen und mich fragen: Wie kannst du so leben, wie du lebst?

Mir ist unsagbar viel von Gott in meinem Leben geschenkt und mitgegeben worden – und ich bin dankbar dafür! Aber: Wer viel bekommen hat, von dem wird viel verlangt werden (Lukasevangelium 12,48b) – und ich bin verantwortlich dafür, wie ich mit dem umgehe, was Gott mir geschenkt hat. Ich bin auch verantwortlich dafür, dass mein spirituelles

Leben lebendig bleibt. Und aus diesen Gedanken heraus habe ich gestern morgen für mich eine Entscheidung in der Frage getroffen, über die wir ja kürzlich schon mal »herum gesponnen« haben: Ja, ich möchte mitgehen in die Pfarrei, die Du bekommen wirst, ich möchte dort mit Dir zusammenarbeiten – ganz egal, ob die Diözese auf die Idee eingeht, dass ich dort eine halbe Stelle haben werde, und ich damit einen Teil meiner Freiberuflichkeit aufgebe, oder ob ich dort wohne und ehrenamtlich mitarbeite. Ich habe mich entschieden – egal, wie die Rahmenbedingungen sein werden – mit Dir diesen Weg, uns in den Dienst unseres Gottes und der Menschen zu stellen, zu gehen – vorausgesetzt, dass Du es willst.

Wenn Du dazu »ja« sagst, dann musst Du Dir bewusst sein, dass ich damit auch das Priester-Sein von Dir einfordere. Ich weiß, dass Deine Art, Dein Priester-Sein zu leben, mir in meinem Glauben hilft, mich stützt, mich herausfordert – und dass ein solches Miteinander mir unsagbar viel hilft, meine Aufgabe zu tun. Deshalb frage ich Dich mit meiner Entscheidung auch sehr bewusst als Priester an. Du bist für mich nicht nur ein guter Freund – sondern Du bist für mich auch Priester – und ich brauche Dein Priester-Sein.

Dass diese Ebene unserer Beziehung kaum jemand nachvollziehen kann, ist mir sehr bewusst. Ehrlich gesagt, es ist mir aber auch ziemlich egal. Natürlich wird unsere Zusammenarbeit, die Tatsache, dass wir uns gut verstehen, immer auf Phantasien, Gerüchte, geheime eigene Wünsche stoßen. An uns werden Dinge abgearbeitet werden, die viel eher was mit denjenigen zu tun haben, die dies an uns abarbeiten, als mit uns und unserer Beziehung. Sei's drum, es ist nicht neu für mich...

Ich habe mich entschieden – ich möchte gerne weiterhin mit Dir zusammenarbeiten – und ich bin bereit, mit Dir in die Gemeinde zu gehen, die Du übertragen bekommst. Ich glaube daran, dass sich unsere Wege nicht zufällig gekreuzt haben, sondern dass es da eine Aufgabe gibt, die wir zusammen angehen sollen – und ich weiß, dass Du mir auf meinem Weg und meiner Beziehung zu Gott gut tust.

So klar, wie ich es heute für mich sagen kann, habe ich es bisher nicht gehabt. Wichtig war für mich unser Gespräch über Nähe und Distanz; wichtig waren für mich meine Grenzerfahrungen in den vergangenen Wochen, wichtig war die Erkenntnis, dass ich auch für die »Gesundheit« meiner Spiritualität Verantwortung trage.

Und – ich kann es einfach nicht als Zufall abtun, dass und wie wir uns begegnet sind …

Mein Angebot steht.

Kannst Du Dir solch eine gemeinsame Arbeit vorstellen?

Andrea

Fax von Pfr. Stipinovich an Andrea Schwarz:

Liebe Andrea!
Ich kann es mir sehr gut vorstellen! Bist Du morgen im Gottesdienst? Lass uns anschließend zusammen Mittag essen gehen!

Lieben Gruß
Angelo

Mit Handy, Jeans und Stundenbuch (2000)

Für Angelo
zu seinem Weihetag

Lord, here I am
Hier bin ich, Gott

Plötzlich
mitten im Alltag
ein Ahnen
unsichere Gewissheit

und ich werde unruhig
etwas in mir sehnt sich
drängt zum Aufbruch
unerklärbar

es treibt mich um
einen Schritt vor
einen zurück
und spüre irgendwie doch

ich wehr mich
ich flüchte
stopf mir die Ohren zu
doch das Ahnen bleibt

und Angst
kriecht in mir hoch
das kann doch gar nicht sein
du kannst doch nicht mich meinen

ich wollte doch nur ein bisschen
und da willst du mich
plötzlich ganz

Doch – ich lieb dich schon
aber hat es nicht noch ein bisschen Zeit
könnten wir vielleicht irgendwann sonst
oder frag doch einfach jemand anders

ich hab ziemlich zu tun
das siehst du doch
und ich weiß auch gar nicht
ob ich überhaupt will

doch du drängst
du treibst
du beunruhigst
du sehnst

du fragst in mein Leben
du bist die Sehnsucht
du beunruhigst mich
du bist mir näher als ich es bin

das Raunen bleibt
du willst mich
und im Erkennen
wächst der Schmerz

du scheinst dich
für mich entschieden zu haben

– und ich entscheide mich
für dich

mit allem Zweifel
aller Not
mit aller Angst
– und voller Zuversicht

ich geb mich dir
mit aller Angst
und ich schreie vor Schmerz
weil du mich willst

Du stellst dich mir in den Weg
ich komm nicht um dich herum
und ich weiß auch gar nicht
ob ich um dich herumkommen will

verlass
Vater und Mutter
Haus und Hof
lass zurück
Geld und Gut
gib auf
Macht und Reichtum

nimm nichts mit
auf den Weg
lass all das los
was dich besitzt
trau dem Ahnen

sei Sehnsucht
lass dich aufbrechen
werde heil

werde ganz
durch Wort und Antwort
Gelassenheit und Leidenschaft
Mensch-Sein und Gottvertrauen

Unser Gott
ist ein eifersüchtiger Gott
er will dich ganz

und ich darf
ganz sein
weil er mich will

»Herr, zeige mir deinen Weg, ich will ihn gehen in Treue zu dir!« Es mag sich herausfordernd anhören: Aber ich glaube, er hat mein Angebot angenommen. Und das hat etwas mit »sich hingeben« und mit »Leidenschaft« zu tun. Ich wurde auf einen Weg geführt, den ich in meinen kühnsten Träumen nicht erwartet hätte.

Hingabe, Berufung – das sind alles so große Worte. Und doch werden sie klein geschrieben. Es geht eigentlich »nur« darum, mein Leben im Licht Gottes zu sehen, aus Gott zu leben, auf Gott hin zu leben – mit all den Kleinigkeiten und scheinbaren Großigkeiten unseres Alltags. Gott will nichts Unmögliches von uns, aber er will, dass wir das geben, was wir können, was wir sind. Sich in einem solchen Sinn Gott zu geben ist nicht immer leicht. Es ist kein Job, für den es eine Gehaltserhöhung und eine Tüte Gummibärchen gibt. Aber dafür im wahrsten Sinne: Leben in Fülle! Und manchmal vielleicht sogar in Überfülle!

Ausgespannt

fasziniert vom Geheimnis
und bedroht von der Angst
ahnend um Wandlung
und nicht wissen wohin
erfüllt von der Liebe
an Grenzen kommen
ein du ein wir
und doch allein
Fülle des Lebens
im Dunkel der Nacht
Brot und Wein
und unstillbare Sehnsucht
Hingabe wird
Zumutung
ein schrecklicher Engel
tröstend
kein wenn und aber
ganz oder gar nicht
ich glaube Gott
und bin doch so sehr Mensch
und habe Angst
und will nicht zurück

im Zeichen des Kreuzes
ausgespannt
zwischen Himmel und Erde
Gipfel und Abgrund
Hoffnung und Angst
Gewissheit und Zweifel
Zusage und Aufgabe
Kraft und Grenze

unsagbar stark
und

unsagbar berührbar

13./14. Dezember 2000

Und so bleibe ich auf meinem Weg mit diesem Gott – und bin nur gespannt! Das, was ich bisher gegeben habe, geben konnte – das ist für mich wiederum zum Geschenk geworden!

Warum sollte er gerade jetzt damit aufhören?

Hingabe

ALBIN KRÄMER

Liebe Andrea,

Hingabe – ein großes Wort, das aber dem Leben Tiefe gibt. Hingabe ist für mich eine Lebenshaltung, die ich nicht einfach besitze, ich muss mich dafür entscheiden. Eine Lebenshaltung, die es immer wieder gilt einzuüben. Offen zu sein, da zu sein für den anderen und die andere, ganz präsent zu sein in den Begegnungen meines Alltags, die Fragen meines Gegenüber hören und ernst nehmen, Anteilnehmen an seinen Ängsten und Hoffnungen, mich von seinem Lachen und Weinen berühren lassen. Und all das unter dem Blickwinkel, dass im Antlitz eines jeden Menschen das Antlitz Gottes aufleuchtet. Hingabe heißt für mich, dass ich offen bin für die Begegnung mit Gott. In der Stille und im Unterwegssein, im Pfarrbüro und in der Straßenbahn, am Arbeitsplatz und in der Freizeit, in der Feier der Liturgie und beim Lesen der Tageszeitung.

Das ist ein Suchen, angetrieben von der Sehnsucht bei IHM geborgen und von IHM getragen zu sein. Es tut gut zu wissen, ich bin bei dieser Suche nicht allein, wir sind gemeinsam auf dem Weg. Wenn meine Flamme der Sehnsucht im Trubel des Alltags zu ersticken droht, kann sie wieder durch die Begegnung mit den Weggefährten entflammt werden. Gemeinsam unterwegs auf der Suche nach Gott, der das Leben in Fülle ist und der mit uns diesen Weg geht. Das braucht meine Entscheidung, manchmal muss ich um diese Entscheidung ringen, sie ins Hier und Heute durchbuchstabieren – der gemeinsame Weg mit den Freunden ermutigt dazu.

Dennoch ist Hingabe im Letzten meine Bindung an Gott, der mich bei meinem Namen ruft, der mich meint. IHM vertraue ich, IHM vertraue ich mein Leben an und lasse mich auf das Abenteuer des Weges mit IHM ein.

Auf diesem Weg bist du, liebe Andrea, unterwegs, davon erzählst du, davon gibst du Zeugnis. Dafür bin ich dir mit vielen anderen dankbar.

Albin Krämer

DUNKEL

Gott ist nicht nett, Gott ist kein Onkel – Gott ist ein Erdbeben.
RICHARD ROHR

Um die vierte Nachtwache kam Jesus auf sie zu; er ging auf dem See. Als ihn die Jünger über den See kommen sahen, entsetzten sie sich, weil sie meinten, es sei ein Gespenst, und sie schrien vor Angst auf. Er aber redete sie sogleich an und sagte: Habt Vertrauen, ich bin es. Fürchtet euch nicht!
MATTHÄUSEVANGELIUM 14,25–27

Dunkles Gebet
Ich schreie – und du kommst nicht. Ich weine – und du tröstest mich nicht. Ich bettle – und du hörst mich nicht.
Von Gott verlassen – aber immer noch du sagen.
31. Oktober 2002

Irgendwie fand ich es typisch.

Ich hatte einer älteren Tante von mir »Wer leben will wie Gott« (2005) zukommen lassen, das Kreuzwegbuch, das ich zusammen mit Angelo und Billy, einem südafrikanischen Künstler, gemacht hatte. Und dann bekam ich ein Kärtchen mit einem Dankeschön zurück – und der einfühlsamen Frage: »Aber warum bist du oft so bedrückt?«

Dass Texte zu einem Kreuzweg nicht gerade vor Fröhlichkeit sprudeln, ist mir schon klar. Es sind keine »leichten« Texte. Aber ich bin mir nicht so ganz sicher, ob »bedrückt« das richtige Wort dafür ist. Ich würde es eher so sagen: Ich habe dem Dunkel einen Raum in meinem Leben gegeben. Ich habe akzeptiert, dass der Tod, das Leiden, die Schmerzen in meinem Leben vorkommen – und wenn sie sowieso schon da sind, dann kann ich ihnen ja auch gleich ein Zimmer in meiner Wohnung geben. Natürlich könnte ich sie ignorieren – aber dann hocken sie, um im Bild zu bleiben, in meiner geliebten Sofaecke herum. Oder ich könnte sie vor die Tür setzen, aber dann klingeln und klopfen sie aufdringlich und wollen herein. Sie werden nicht weggehen – deshalb gebe ich ihnen lieber einen Platz in meinem Leben, über den ich noch halbwegs bestimmen kann, als dass ich ihnen erlaube, sich ungefragt und ungebeten irgendwo einzunisten.

Und dann gibt es eben solche Zeiten, an denen ich in meinem dunklen Zimmer sitze – und Gespenster sehe und heule und nicht mehr weiter weiß. Und es ist in Ordnung so – und es darf so sein. Was ist denn schlimm daran, solange ich darum weiß, dass es in meiner Wohnung auch noch andere Zimmer gibt?

Diese dunklen Stunden und Tage in meinem Leben waren und sind nicht einfach und leicht – sie tun weh. Und doch möchte ich keine davon missen. Ich glaube, es sind wichtige Zeiten, entscheidende Stunden. In ihnen wächst in mir etwas heran, was zu neuem Leben führt, zu einer Erfahrung, einer Erkenntnis, einem anderen Handeln. Es sind Stunden, die einen »Unterschied machen« – die etwas in Bewegung bringen. Wenn alles so läuft, wie es laufen soll, welchen Grund gäbe es, in meinem Leben etwas zu ändern …

Durch-leben
die Ungewissheit
die Einsamkeit
die Trauer

weinen
lachen
Menschen suchen
zurückziehen

Sonne
Regen
Wind
Erde

durch Schmerz
und Dunkelheit
ans Licht
um zu blühen

wachsen

Ich mag Gänseblümchen (1985)

Ich reagiere inzwischen ziemlich allergisch auf Menschen, die mir dieses Dunkel wegreden oder wegtrösten wollen. Verflixt noch mal, es ist halt nun grad so – und es ist okay so. Ich bin traurig, und ich fühl mich allein, und keiner versteht mich. Abgesehen davon, dass es so ja objektiv gesehen gar nicht stimmt – ich bin weder allein noch unverstanden, auch wenn ich es in dem Moment so empfinde – aber was wäre denn so schlimm daran?

manchmal
besucht mich
meine Traurigkeit

gestern Abend
war sie
wieder da
meine Traurigkeit

sie hatte sich
nicht angemeldet
hatte nicht
an der Tür geklopft

plötzlich stand sie
einfach da
und schaute mich
nur an

und ich
schaute weg

wandte
mich ab

aber sie
kennt mich
kennt mich gut
meine Traurigkeit

sie ist da
schaut mich
nur an
und berührt mich

und zitternd
stehe ich still
und lass mich
berühren

lass
mich

von meiner Traurigkeit
umarmen

und umarme
meine Traurigkeit

12. Dezember 2001

Das Dunkel macht vielen Angst, sie können es nicht gut haben. Und dann drängen sie es aus dem eigenen Leben heraus – und wollen es im Leben anderer nicht zulassen. Auch in kirchlichen Kreisen und Gruppierungen gibt es solche Bestrebungen, die einem irgendwie so eine Art »Wellness-Christentum« verkaufen wollen: Glaub nur kräftig genug, dann geht es dir gut! Lach doch – Gott liebt dich! Gott heilt auch dich! Ehrlich gesagt: Solchen Versprechungen traue ich nicht so besonders über den Weg. Und mit meinem Glauben an diesen Gott haben sie herzlich wenig zu tun.

Ich finde solche Versprechen unredlich – denn sie können und werden nicht eingelöst werden. Gott wird das Dunkel aus unserem Leben nicht wegnehmen. Er wird unsere Tränen abwischen, ja – aber er kann nicht verhindern, dass wir sie weinen. Er ist die Auferstehung, ja – aber das nimmt uns den Tod erst einmal nicht ab. Jesus Christus ist am Kreuz gestorben, nicht um uns das Leiden zu ersparen, sondern um uns zu zeigen: Ich gehe wirklich alle Wege mit euch – auch die dunklen!

Das Dunkle ist Teil unseres Lebens. Und wir werden es nicht dadurch »wegkriegen«, dass wir es nicht zur Kenntnis nehmen oder mit irgendwelchen billigen Salbungspflastern zukleben. Manchmal ist ein solidarisches, hilfloses Verstummen und Aushalten ehrlicher als Worte, die vertrösten wollen – die aber durch nichts gedeckt sind.

Und vor diesem Dunkel bleiben auch diejenigen nicht verschont, die sich auf den Weg mit diesem Gott begeben, im Gegenteil. Der Vierfarbprospekt für Berufe in der Kirche sagt nichts Falsches – aber er verschweigt etwas.

Es war eine verrückte Woche: Dankeschön-Abend für die ehrenamtlichen Mitarbeiter von zwei Gemeinden, die Beerdigung von zwei Menschen, die tödlich verunglückt sind und eine Rolle in meinem Leben gespielt haben, Betriebsausflug, ein Vortrag in Boppard, die Verabschiedung der beiden Zivildienstleistenden, Innenstadtfest – und dazwischen Telefonate, Begegnungen, Briefe, E-Mails, und der ganz normale Alltag halt …

Ich könnte nicht sagen, mit wie viel Menschen ich in dieser Woche gesprochen habe, gute, schöne, wichtige Gespräche hatte. Und es tut gut zu erleben, dass man gemocht wird, dass die Arbeit, die man macht, geschätzt wird, die Nähe zu einem gesucht wird.

Und doch – an diesem Sonntagabend macht sich ein Gefühl von Einsamkeit in mir breit. Natürlich, es gäbe x Leute, die ich jetzt anrufen könnte, bei denen ich auf ein Bier vorbeigehen könnte. Aber ich will nicht – und ich glaube, selbst wenn jetzt Dutzende von Menschen um mich herum wären, würde es mir dieses Gefühl von Einsamkeit nicht nehmen, ganz im Gegenteil.

Und es kann sein, dass es sogar so sein muss …

Menschen, die sich in den Dienst Gottes stellen, sich von ihm wirklich mit allen Konsequenzen in den Dienst nehmen lassen, die machen sich damit selbst auch einsam. Da ist etwas zwischen Gott und mir, das »exklusiv« ist, andere ausschließt, auch den besten geistlichen Begleiter, den besten Freund – ganz zu schweigen von all den anderen, die sowieso den Kopf darüber schütteln, wie man denn so leben und arbeiten kann.

Man stellt sich der wahnsinnigen Aufgabe, Himmel und Erde miteinander in Beziehung zu setzen, Gott zu den Menschen zu bringen und die Menschen zu Gott. Berufung – das heißt auch, die Zumutung Gottes auszuhalten.

Und das ist so radikal und existenziell, das ist zugleich so einzigartig, so überwältigend, so tief gehend und prägend, dass man es nur ganz für sich und ganz alleine erleben kann. Und die Tiefe dieser Erfahrung kann unsagbar glücklich machen, aber zugleich auch unsagbar einsam …

Solche Abende, an denen mir die Zumutung Gottes bewusst wird, sind nicht unbedingt leicht zu leben und zu gestalten. Und die Gefahr ist groß, vor dieser Erfahrung zu flüchten – jemanden anzurufen, den Fernseher anzuschalten, noch irgendwas wegzuarbeiten.

Damit aber würde ich eine Chance vergeben, die Chance, mich auf das zurückzubesinnen, was mich wirklich trägt und hält. Die Chance, mich in all meiner Verletzbarkeit von Gott berühren zu lassen. Die Chance, mich mit allen Schmerzen und Verletzungen neu auf Gott hin auszurichten. Die Chance, an genau dieser Zumutung Gottes auch zu wachsen …

Mag sein, dass genau das »Zölibat« meint – diese letztendliche Einsamkeit, die mich auf Gott und nur auf Gott verweist. Diese Einsamkeit des Kreuzes, ausgespannt zu sein zwischen Himmel und Erde, Gott und den Menschen.

Nie wird mir diese Einsamkeit des Kreuzes bewusster als in der Liturgie des Karfreitags, wenn der Pfarrer der Gemeinde vor diesem Gott auf der Erde liegt, ausgestreckt, hingestreckt – sich ganz Gott und seiner Zumutung übergebend. Es bleibt mir nur, Gott diese Einsamkeit des Kreuzes hinzuhalten – damit er sie zur Auferstehung wandelt.

Und jeden Tag mehr leben. Jahreslesebuch (2003)

Ja – manchmal kann das gefährlich werden. Wenn ich diese Einsamkeit nicht mehr aushalte – und in scheinbare Nähe flüchte. Wenn ich den anderen mit Erwartungen konfrontiere, die er gar nicht erfüllen kann. Wenn ich mein Leben und meine Lebendigkeit an andere delegiere.

Und das gilt nicht nur für diejenigen, die sich in den Dienst dieses Gottes stellen.

so viel
Müdigkeit

die Schultern tun weh
von der Last der Tage

zehn Stunden Schlaf
reichen nicht

der Morgen
ist grau

und einsam
die Nacht

und der Wasserhahn tropft
und der Kühlschrank ist leer
und die Wohnung kalt
und überhaupt

da fehlen Hände
die zärtlich streicheln

Arme
die liebevoll halten
da fehlen Augen
die verstehen
und Worte
die sagen
alles wird gut

manchmal
reicht
die eigene Kraft
zum Leben
nicht mehr
aus

2. Dezember 2002

Es ist schwer, das eigene Dunkel auszuhalten, die grauen und tristen Stunden – aber mir fällt es noch viel schwerer, das Dunkel derer auszuhalten, die ich liebe. Ich leide daran, sie leiden zu sehen – und mich in meiner Ohnmacht und Hilflosigkeit erleben zu müssen. Für mich kann ich in der Regel halbwegs sorgen, und ich bin sowieso eher der Typ, der das eigene Dunkel mit sich alleine abmacht. Aber Menschen, die ich liebe, leiden zu sehen, das macht mich absolut wehrlos und traurig – oder unsagbar wütend. Das sind Situationen, in denen ich an Grenzen komme – weil ich nicht mehr kann.

Und dann bleibt mir nur Gott.

es tut so
unsagbar
weh

dich in deiner
hilflosigkeit zu sehen
und machtlos
zu sein

deine ängste zu spüren
und die beruhigenden worte
reichen nur
für eine halbe stunde

das was du sagen willst
nicht mehr zu verstehen
und dabei kostet es dich
soviel kraft

dich in deinem sterben
auszuhalten
und nicht davor
zu flüchten

mit dir
an grenzen zu kommen

und dich dem zu geben
der über grenzen geht

13. März 2004

Ja – das ist manchmal das Einzige, was bleibt. Meine Traurigkeit, mein Leiden, meine Dunkelheiten dem geben, der über Grenzen geht. Denjenigen, dem ich nicht mehr helfen kann, in seine Arme legen. Eine Kerze anzünden, ein Gebet sprechen. Das Leiden erspart Gott uns nicht. Aber er lädt uns ein, es ihm zu geben. Er trägt mit. Er geht mit uns. Und manchmal treffen wir ihn gerade in diesen dunklen Stunden. Und er hält und trägt mit – wenn wir das wollen.

Aber auch Schwimmen sollte man nicht erst dann lernen, wenn man am Ertrinken ist …

Dunkler Segen

Segne du uns
dunkler Gott
du
der sich geheimnisvoll
unserem Begreifen entzieht
der du dein Antlitz vor uns verbirgst
unsere Fragen mit Schweigen beantwortest

segne du uns
dunkler Gott
du
der du uns Zumutung und
Herausforderung bist
dessen Tun unergründlich bleibt
dessen Handeln sich unserem Begreifen entzieht

segne du uns
dunkler Gott
du
der du dich von uns abwendest
uns alleine lässt
uns leiden lässt
uns verwirrst und beunruhigst

segne uns
du dunkler Gott
du abwesender
schweigender
unfassbarer
harter
namenloser

segne du uns
dunkler Gott
damit wir den Mut haben
das Dunkel in uns wahrzunehmen
den eigenen Abgrund zu erspüren
der Nacht zu glauben
uns auf den Grund zu gehen

segne uns
dunkler Gott
indem du Einsamkeiten nicht nimmst
Sicherheiten erschütterst
Hoffnungen nicht erfüllst
Pläne durchkreuzt
Sehnsucht nicht stillst

segne uns
dunkler Gott
indem du unsere Träume verjagst
unsere Bilder zerreißt
Geborgenheiten entlarvst
Erwartungen zerstörst
zum Aufbruch zwingst

segne uns
du dunkler Gott
segne die Sehnsucht
segne die Unerfülltheit
segne die Hoffnungslosigkeit

segne
du
mein Dunkel

und bleib mir
dunkler
treuer
Wegbegleiter

Und jeden Tag mehr leben. Ein Jahreslesebuch (2003)

Dunkel

ERHARD BECHTOLD

Die Sonne schafft es an diesem Wochenende nicht durch den dicken Nebel durchzudringen. Und die hohen Tannen tun ihr Übriges, dass es recht düster ist. Priesteramtskandidaten der Erzdiözese Freiburg und der BDKJ-Diözesanvorstand finden sich an diesen nasskalten Oktobertagen in einer Schwarzwaldhütte zusammen. Thema: Jugendarbeit – wie geht das?

Und dann sitzen wir in einer Runde: Welches Schriftwort bedeutet mir viel? So die Fragestellung. Ich gebe es zu: Mir ist die Schriftstelle, die die junge BDKJ-Diözesanvorsitzende nennt, nicht sehr vertraut. Vielleicht beeindruckt es mich deshalb so. Dort heißt es nämlich: ER (Jesus) schlug das Buch auf und fand die Stelle, wo es heißt: Der Geist des Herrn ruht auf mir; denn der Herr hat mich gesalbt. Er hat mich gesandt, damit ich den Armen eine gute Nachricht bringe; damit ich den Gefangenen die Entlassung verkünde und den Blinden das Augenlicht; damit ich die Zerschlagenen in Freiheit setze und ein Gnadenjahr des Herrn ausrufe. (Lukasevangelium 4,16–19).

Am Abend bei einem Glas Rotwein komme ich ins Gespräch mit dieser Diözesanvorsitzenden – Andrea Schwarz. Und damit beginnt unsere Freundschaft …

Das war nun vor fast einem Vierteljahrhundert. Ich bin nun schon einige Jahre Priester, und sie ist Schriftstellerin geworden. Diese Begebenheit habe ich aber nie vergessen. Und noch heute, wenn ich diese Schriftstelle lese, dann fällt mir dieses Schwarzwaldwochenende ein. Auch wenn sich Andrea Schwarz nicht mehr so genau an diese Szene erinnern sollte: Was Jesus da aus der Jesaja-Rolle vorliest, bestimmt auch ihr Sein und Tun. So erlebe ich sie.

Seit damals spielt dieses Jesus-Wort auch auf meinem Lebensweg eine große Rolle. Sich darauf einzulassen, eine gute Nachricht zu bringen, das bedeutet Erfüllung. Wer aber meint, sich damit ein ständiges Hochgefühl zu verschaffen, der wird enttäuscht werden. Mir ist ein »Halleluja-Christentum« mit nur nach oben gestreckten Armen und lächelnden Gesichtern eher suspekt. Der Weg ist manchmal sehr steinig und nicht selten ein Kreuzweg. Ich kann die dunklen Wegabschnitte nicht umgehen, weder bei mir noch bei den Menschen, die mir begegnen. Sonst begegne ich nicht wirklich jemandem; sonst kann es nicht hell werden, sonst kann etwas nicht heilen; sonst kann es nicht Freiheit geben. Jesus selbst ist diesen Weg gegangen und hat das Dunkel ausgehalten.

Dunkelheit gibt es eben nicht nur im Oktober im Schwarzwald. Dunkelheit gibt es auch in meinem Priesterleben. Dunkelheit gibt es in jedem – auch in Andrea Schwarz' Leben.

Die gute Nachricht aber bleibt: Das Gnadenjahr des Herrn ist ausgerufen – in alle Dunkelheiten hinein.

Erhard Bechtold

FREIHEIT

Ostern eröffnet die grenzenüberschreitende Freiheit zum Spiel der neuen Schöpfung. Das ist möglich und sinnvoll, weil es eine Hölle und Hoffnungslosigkeit gibt, die durch Christi Tod ein für allemal überwunden und für die Befreiten zur Vergangenheit gemacht worden ist. Darum gehört das Kreuz Christi nicht in das Spiel selbst, aber es macht das neue Spiel der Freiheit möglich. Er litt, damit wir wieder lachen können. Er starb, damit wir wieder befreit leben sollen. Er fuhr in die Hölle der Verlassenheit, um uns den Himmel der Freiheit zu öffnen.
JÜRGEN MOLTMANN

Wo der Geist des Herrn ist, da ist Freiheit.
2. KORINTHERBRIEF 3,17

Je enger der Horizont, umso weniger Gott. Je weiter und toleranter, umso großzügiger Gott. Je mehr Angst, umso weniger Gott. Je mehr Freiheit, umso mehr Gott.
Tagebuch vom 18. November 1997

Freiheit – das ist für mich ein spannendes Wort, im wahrsten Sinne des Wortes: Da steckt Spannung drin. Und Spannung finde ich erst einmal nicht schlecht – solange es nicht zu einer »Überspannung« kommt und alle Sicherungen durchbrennen.

Bei uns zu Hause war »Freiheit« kein besonders wichtiges Wort – da galt eher noch die alte Regel »Solange du deine Füße unter meinen Tisch streckst …«.

Dann gab es natürlich die Reinhard-Mey-Phase mit der grenzenlosen Freiheit »über den Wolken« – na ja, ich liebte und liebe das Lied, aber ehrlich gesagt: So unbedingt frei fühle ich mich in einem vollbesetzten Airbus elf Kilometer über dem Erdboden nicht, und ich bin auch immer ganz froh, wenn der Flieger wieder sicher gelandet ist.

In den späten 70er-Jahren in Frankfurt Sozialpädagogik zu studieren bringt einen mit Marx und Engels in Kontakt, mit Studentenselbstverwaltung und der Frage, ob Studenten eigentlich überhaupt streiken können. Da gab es Demos und viel Aufbruch und Emanzipation – aber eigentlich hatte auch das nicht so viel mit Freiheit zu tun, es waren nur andere soziale Erwartungen. Die Kommilitonen fanden es nicht besonders gut, wenn man sich die Freiheit nahm, gegen einen Streik zu sein …

Ach ja – und dann gab es noch die frauenbewegten Jahre, in denen viele Frauen dachten, man könne Freiheit gegen oder ohne die Männer durchsetzen.

Es mag sich paradox anhören – aber ich glaube, es gibt ein Verständnis von Freiheit, das eher fesselt, bindet, das Leben klein macht.

Freiheit heißt nicht, alles zu wollen und alles zu können und alles zu haben. Freiheit hat nichts, aber auch gar nichts mit Grenzenlosigkeit zu tun.

»Über den Wolken muss die Freiheit wohl grenzenlos sein …« So besingt Reinhard Mey einen uralten Wunschtraum der Menschen: die grenzenlose Freiheit. Aber, mit Verlaub, hier irrt der Kollege – und der Wunsch nach der grenzenlosen Freiheit ist nicht nur schon deshalb richtig oder sinnvoll, weil er von vielen Menschen geteilt wird.

Die grenzenlose Freiheit, die gibt es nicht. Es gibt Bedingungen, in die wir hineingestellt sind – unsere Geschichte, unsere Möglichkeiten, Ort, Zeit und Raum. Natürlich stehen mir theoretisch alle Möglichkeiten offen, jeden Beruf zu ergreifen oder gar einen neuen zu erfinden. Aber ich muss Rücksicht nehmen auf meine Begabungen, auf die Notwendigkeit, Geld zu verdienen, auf das, was machbar ist. Und darüber hinaus gilt: Etwas, das keine Grenzen hat, verschwindet im Nichts. Der grenzenlose Horizont, das ist die Weite, in der man sich verliert. Selbst wenn ich die Freiheit hätte, alles zu tun – in dem Moment, *wenn* ich etwas tue, verliere ich diese Freiheit – gerade weil mein Tun anderes wieder ausschließt. Und wenn ich gar nichts tue, um eben diese Freiheit nicht zu verlieren, dann ist und geschieht eben auch nichts. Was aber will ich dann mit dem Traum einer grenzenlosen Freiheit, der gar nicht lebbar ist?

Erst wenn ich von dieser angeblichen Grenzenlosigkeit Abschied nehme, kann etwas sein und werden. Und erst dann werde *ich* sein …

Es gibt keine grenzenlose Freiheit – aber es gibt eine Freiheit der Entscheidung. Ich kann mich für das eine entscheiden – und damit gegen etwas anderes. Ich kann aus verschiedenen Möglichkeiten eine auswählen, auch wenn ich damit auf x andere Möglichkeiten verzichten muss. Ich kann etwas gewinnen, wenn ich anderes loslasse – wer nicht loslassen kann, wird gar nichts bekommen. Wer sich an der Wegkreuzung nicht entscheiden kann, welchen Weg er nehmen will, wird unschlüssig stehen bleiben – und gar keinen Weg gehen. Ich kann nicht alles haben – aber ich kann mich für das entscheiden, was ich gerne haben möchte.

Gott schenkt uns Menschen nicht die grenzenlose Freiheit, eben weil es die gar nicht gibt – aber er schenkt uns die Freiheit der Entscheidung. Er gibt uns die Macht, unsere Entscheidungen in Freiheit zu treffen. Wir sind keine Marionetten, die an irgendwelchen Fäden hängen, an denen der Puppenspieler Gott zieht. Unser Handeln und Tun ist nicht durch eine ferne Macht vorherbestimmt, sondern wir sind frei zur eigenen Entscheidung. Und diese Freiheit ist so groß, dass wir uns auch gegen Gott entscheiden dürfen und können.

Und jeden Tag mehr leben. Jahreslesebuch (2003)

»Leben und Tod lege ich dir vor« (Deuteronomium 30,19) Du kannst dich entscheiden. Jede Entscheidung bringt Konsequenzen mit sich, und auf die weise ich dich hin. Aber ich zwinge dich nicht zu dem einen oder dem anderen – so könnte man vielleicht dieses Wort aus der Bibel weiterspinnen. Wer sich an Irdischem ausrichtet, wird Vergängliches bekommen, wer sich am Ewigen orientiert, an dem, was über das vorläufig Irdische hinausgeht, der wird Ewiges bekommen, der wird leben.

Menschen wie Nelson Mandela, Dietrich Bonhoeffer

und Edith Stein waren sogar im Gefängnis und angesichts des nahen Todes freie Menschen. Sie hatten sich entschieden – und lebten ihre Entscheidung. Andere haben eigentlich alle äußeren Freiheiten – und sind doch gefangen, möglicherweise gerade gefangen in ihren scheinbaren Freiheiten.

Kann es sein, dass ich für die Freiheit meines Lebens selbst verantwortlich bin?

> Im Winter lebte die Giraffe im schwülen, vom angenehmen Streugeruch erfüllten Kuppelbau, den ihr die Hauptstadt, gewissermaßen aus Ehrerbietung, geschenkt hat, so wie man hochgestellte Persönlichkeiten der Aristokratie selbst in der Verbannung nicht irgendwo arrestiert, sondern sie in Stadtnähe, etwa im Palais eines bankrott gegangenen Magnaten, unterbringt, das der Staat zu ebendiesem Zweck erstanden hat. Auch die Giraffe wohnt mit ihrem Kind, der jungen Giraffe, separiert, in einem palastartigen Bau für sich. Doch die Kuppel, die eigene Behausung, das sorgfältig zusammengestellte Futter, der für die persönliche Betreuung abgestellte Wärter, die ehrfürchtigen, leise sprechenden Besucher: Durch all das lässt sich die Giraffe nicht täuschen. Sie weiß genau, dass selbst diese Prachtbehausung Gefangenschaft ist wie jede Bevorzugung, zu der auch ein Wärter und ein Eisengitter gehören.
> Die Giraffe und ihr Junges gehen in dem prachtvollen Gefängnis tagaus, tagein im Kreis und recken die Hälse. An der Wand hoch oben haben die aufmerksamen Betreuer kleine Tröge angebracht, damit die Gi-

raffe auch da oben ihre Nahrung findet, wie wenn sie im Urwald weiden, Blätter von Baumkronen rupfen und knirschend zermahlen würde. Die Giraffe dreht von früh bis spät ihre Runden und reckt den Hals dem unsichtbaren Himmel, den unsichtbaren Baumwipfeln entgegen, weil sie sich erinnert. Das Allerschrecklichste im Gefängnis des Lebens ist, dass der Mensch sich ewig erinnert. Jedes Lebewesen erinnert sich, auch die Giraffe. Die Kuppel und die Pracht, das erlesene Futter, alles vergeblich. Die Giraffe erinnert sich an die Freiheit. Deshalb streckt sie ihren kleinen Kopf, reckt sie ihren langen Hals so hoch hinauf, als wollte sie ein einziges Ausrufezeichen ans Himmelsgewölbe des Daseins malen, ein Ausrufezeichen, mit dem sie »Freiheit!« schreit.

Sándor Márai

Als ich diese Gedanken von Sándor Márai las, war ich sehr berührt. Ich sah plötzlich Bilder aus Namibia und Südafrika vor mir, Giraffen, die mit ihren langen, eleganten Schritten im Licht der Abendsonne durch die Steppe wanderten oder ihr Rupfen an irgendwelchen Ästen kurz unterbrachen und neugierig auf uns Menschen herabschauten, um sich dann in aller Ruhe und Gelassenheit wieder ihren eigenen Dingen zuzuwenden.

Und doch – Sándor Márais Text rief in mir mehr hervor als nur eine Erinnerung an Urlaubstage, zehntausend Kilometer von hier entfernt, mehr als nur ein Mitgefühl, eine unbestimmte Traurigkeit. Ich fühlte mich dieser Giraffe in ihrem luxuriösen Gefängnis, liebevoll betreut und versorgt, voller Erinnerungen an die Freiheit, plötzlich sehr verbunden – und ich erkannte dieses ungewisse Sehnen und Ahnen wieder, das auch mich manchmal umtreibt. Ich erinnere mich an die Freiheit, ich erinnere mich an die lustvolle Spontaneität, ich erinnere mich an die Gelassenheit, ich erinnere mich an die Weite – und finde mich so oft in der Enge meines Terminkalenders wieder, in meinem verplanten Alltag, in den manchmal mit so wenig Lust besetzten Aufgaben, die halt zu tun sind – und in all dem fühle ich mich manchmal wie in einem prachtvollen Gefängnis. Eigentlich kein Grund zur Klage – gut versorgt, mein kirchlicher Arbeitgeber überweist das Gehalt pünktlich, in meinem Postkörbchen im Büro findet sich immer mal wieder ganz überraschend eine Flasche Wein, ein Glas Marmelade, ein Paar selbst gestrickte Socken …

Und dann ist doch wieder eine Traurigkeit in mir, eine Traurigkeit, die von ungelebtem Leben erzählt, von verpassten Lebenschancen, von Grenzen, einem Leistungsdruck, dem ich mich selbst unterworfen habe, eine Traurigkeit, die von verratenen Träumen erzählt, vom Unversöhnt-Sein mit mir selbst, von meiner Angst, den Erwartungen nicht zu genügen. Manches prachtvolle und luxuriöse Gefängnis, in dem ich gefangen bin, mag ich mir selbst gebaut haben – und ich bin in meiner Gefangenheit gefangen und erinnere mich an die Freiheit. Ich spüre mich in all meiner Gebrochenheit, in all meinem Unheil-Sein, in all meiner Unzulänglichkeit – und in mir ist und bleibt eine Erinnerung, eine Trauer, eine Sehnsucht, eine Hoffnung.

Endlich wieder klar

nein
ich verkaufe mein Leben nicht mehr
an nichts und niemanden
nicht für Geld
und gute Worte

nein
ich lasse mich nicht mehr einsperren
von Bildern und Erwartungen
nicht durch Druck
und nicht durch Drohung

nein
ich lasse mich nicht mehr lähmen
von meiner Angst, nicht geliebt zu sein
nicht durch Probleme anderer mit mir
und nicht durch Konflikte, die nicht meine sind

nein
ich verliere mich nicht mehr
in scheinbar Wichtigem
das so unwichtig ist

nein
ich will es nicht mehr
allen recht machen
und keine Zeit mehr für mich haben

nein
ich will so
nicht mehr leben

stattdessen
will ich mir Zeit nehmen
dem Schmetterling zu folgen
und dem Zug der Vögel
dem Weg der Wolken
und dem Klang einer Melodie
dem Tanz der Blüten am Zweig
und dem Traum der Nacht

ein Glas Rotwein mit Freunden
ein Telefonanruf
ein Brief
ein gutes Wort
Gebet und Stille und Raum

und glauben
einem Stern
der Verheißung
der Zusage

und leben
endlich wieder

leben!

2. April 2001

Ich mache mich selbst unfrei, wenn ich das Leben vergesse, wenn ich mich so sehr in das Alltagsgeschäft verwickeln lasse, dass ich die notwendige Distanz verliere. La Rochefoucauld, ein französischer Schriftsteller des 17. Jahrhunderts, sagt es so: »Wer sich zu viel mit Kleinem abgibt, wird meist unfähig für das Große.« Es liegt an mir, womit ich mich abgebe, was mich erfüllt und beschäftigt. Es liegt an mir, was für mich und mein Leben wichtig ist. Es liegt an mir, wem und was ich Platz in meinem Leben gebe. Ich bin es, die zu etwas »Ja« oder »Nein« sagt.

Der kleine Drache Hab-mich-lieb holte tief Luft, »ich habe in diesen Tagen verstanden, dass zur Liebe das ›Ja‹ und das ›Nein‹ gehören – und ich spüre, dass mir das ›Ja‹ eigentlich viel leichter fällt. Ich kann schwer ›Nein‹ sagen!« Ferdinand, der Kater, dachte nach: »Ich sage eher Nein als Hab-mich-lieb. Mir ist meine Unabhängigkeit wichtig. Leben bedeutet doch unterwegs sein – wie will ich mich da festlegen?«. Moya fragte behutsam: »Kann man denn nicht auch gemeinsam unterwegs sein?« Hab-mich-lieb fügte hinzu: »Weißt du, Ferdinand, mir geht es ähnlich wie dir. Ich suche noch immer meinen Traum – auch wenn ich gemeint habe, ich hätte ihn mit dir schon gefunden. Aber das allein ist es nicht, das habe ich inzwischen verstanden, und deshalb will ich weitersuchen. Und doch mag ich gerade bei dieser Suche ein bisschen geborgen sein …« – »Puh«, sagte Ferdinand, »ich kann dich aber nicht bergen, Hab-mich-lieb! Ich mag dich gerne begleiten, soweit ich es kann, aber mehr darfst du von mir nicht erwarten!« – »Ja, aber, wer birgt mich dann?« fragte Hab-mich-lieb ratlos und schaute Moya an. »Niemand«, sagte Moya ernst. »Ferdinand wird es nicht tun und ich auch nicht.

Du musst lernen, dich selbst zu bergen und zu schützen. Du kannst diese Aufgabe nicht an andere abgeben.«

Kater sind eben so (1991)

Ich muss lernen, für meine Freiheit und für meine Geborgenheit Verantwortung zu übernehmen. Ich kann diese Aufgabe nicht an andere delegieren. Dabei sind Freiheit und Bindung, Freiheit und Treue keine Gegensätze – im Gegenteil. Ich entscheide mich in aller Freiheit für eine Bindung – für einen Menschen, einen Freund, eine Aufgabe, eine Idee, für Gott. Ich entscheide mich für einen Weg – und entscheide mich damit gegen drei andere Möglichkeiten.

Und gerade durch diese Entscheidung, die mir anscheinend meine Freiheit nimmt, werde ich frei. Eine alte Beraterweisheit lautet »Wer sich nicht positioniert, wird positioniert werden!« – wenn ich mich nicht entscheide, werden andere für mich entscheiden. Wenn ich nicht weiß, was ich tun will, werden mir andere sagen, was ich tun soll. Wenn ich nicht weiß, wer ich sein will, werden mir andere sagen, wie ich sein soll. Und dann zieht die Unfreiheit in mein Leben ein …

Und: Eine getroffene Entscheidung zieht zwar Grenzen, aber schafft damit auch Identität. Und das hat wiederum etwas mit Heimat und Geborgenheit zu tun. Ich weiß, wo ich hingehöre, ich weiß, was ich will – und ich weiß, worauf ich verzichte. Aus einem solchen Gehalten-Sein heraus kann ich wieder neu handeln.

Freiheit – das ist ein spannendes Wort. Denn ohne

Entscheidung, ohne Bindung geht Freiheit gar nicht. Dazu braucht es mein »Ja« und mein »Nein« – und damit ziehen die Gegensätze in mein Leben ein, die gelebt sein wollen: Beten und Arbeiten, Kampf und Kontemplation, Widerstand und Ergebung, Ruhe und Bewegung – und welche Gegensätze auch immer es noch geben mag.

Es ist gut, dass eine solche Spannung in meinem Leben ist, sie ist die Garantie für Lebendigkeit. Auch elektrischer Strom fließt nur zwischen zwei entgegengesetzten Polen. Dort, wo es nur einen Pol gibt, fließt und lebt nichts mehr.

Leben geschieht nicht dadurch, dass ich einen der beiden Pole aus meinem Leben herauswerfe, ihn negiere, nicht wahrnehme – Leben geschieht nur dadurch, dass ich mich in die Spannung hineinstelle. Und mein Teil ist es, dieser Spannung Raum zu geben, sie zu gestalten, sie nicht zu einer »Unter-« oder einer »Überspannung« werden zu lassen.

Es braucht das eine und das andere in meinem Leben. Und genau dafür steht das Kreuz. Es verbindet oben und unten, Himmel und Erde, Gott und Mensch. Und dort, wo die Gegensätze sich treffen, wo das »und« sein darf, herrscht einen Augenblick lang Frieden.

Hier vereinigen sich
Gott und Mensch
Himmel und Erde
Zusage und Hingabe
Lieben und Leiden
Tod, Tanz und Traum

du und ich
Trauer und Trost
Zweifel und Zuversicht
Angst und Freude
Hoffnung und Heimatlosigkeit
Kreuz und Heil
Tod und Leben

das Kreuz
vereint die Gegensätze
ohne sie aufzuheben
verbindet das Gegensätzliche
ohne es gleichmachen zu wollen

und dort
wo es sich kreuzt
ist der Punkt
um den sich alles dreht

und in dem Punkt
ist Frieden

und in dem Punkt
lebt
die Ewigkeit

Ich glaube, das ist Freiheit …

Freiheit

Anselm Grün

Anlässlich meines 60. Geburtstag sagte mir meine Schwester: »Du warst schon immer frei. Dich kann man nicht in ein Korsett stecken.« Und im Gespräch mit ihr wurde mir klar, dass diese Freiheit von meinem Vater kam. Er ist in aller Freiheit seinen ganz persönlichen Weg gegangen. Er hat nicht nach dem gefragt, was die Menschen denken, sondern was für ihn stimmt. Die Freiheit, die ich in mir spüre, ist also ein Geschenk meines Vaters.

Doch wenn ich heute über die Freiheit nachdenke, so hat sie für mich vor allem mit meinem spirituellen Weg zu tun. Freiheit ist für mich Ausdruck der Gotteserfahrung. Gott ist von seinem Wesen her der, der uns in die Freiheit führt. Das begann schon beim Auszug Israels aus dem Sklavenhaus Ägypten in das Gelobte Land, in dem es ganz es selber war. Und es setzte sich fort im Geschick Jesu, der wie kein anderer die innere Freiheit verkörperte, weil er sich in Gott gegründet wusste.

Wenn ich Gottes Nähe spüre, dann bin ich frei, dann sind mir die Erwartungen der Menschen um mich herum nicht wichtig, dann treten auch meine eigenen Forderungen an mich, wie ich zu sein habe, zurück.

Im Gespräch mit Führungskräften erlebe ich oft, wie sie sich unfrei fühlen. Sie stehen in einem unbarmherzigen Konkurrenzkampf mit den Wettbewerbern. Sie müssen die Kosten reduzieren, um mithalten zu können. Und sie fühlen sich von ihren Chefs unter Druck gesetzt. Sie sehnen sich nach Freiheit. Dabei meinen sie nicht die Freiheit, in alle Länder dieser Welt fahren und sich das leisten zu können, was sie gerne möchten. Sie möchten frei sein von diesem Druck. Sie möchten ganz sie selbst sein.

Ich versuche ihnen den Weg der Meditation als Weg in den inneren Raum der Stille zu vermitteln. Dort, wo Gott in mir wohnt, bin ich frei von der Macht der Welt. Dort bestimmt mich kein Chef mehr und kein Konkurrent. Dort komme ich in Berührung mit meinem wahren Selbst. Und das ist frei. So sehe ich eine Verpflichtung, aus dem Geschenk der Freiheit durch meinen Vater und durch den spirituellen Weg, den ich gegangen bin, die Erfahrung der Freiheit weiter zu geben.

Jeder Mensch sehnt sich nach Freiheit. Doch oft genug suchen wir sie dort, wo wir sie nicht finden. Die Freiheit ist innen, in meiner Seele. Dort kann sie jeder finden, wenn er sich auf den Weg nach innen wagt.

Pater Anselm Grün

HOFFNUNG

Die Hoffnung, die das Risiko scheut, ist keine Hoffnung. Hoffen heißt: An das Abenteuer der Liebe glauben, Vertrauen zu den Menschen haben, den Sprung ins Ungewisse tun und sich ganz Gott überlassen.
DOM HELDER CAMARA

Seid allezeit bereit zur Antwort einem jeden gegenüber, der von euch Rechenschaft fordert über die Hoffnung in euch.
1. PETRUSBRIEF 3,15

»Dich führen, wohin du nicht willst …« (Johannesevangelium 21,18) – der Satz stimmt für mich so nicht. »Mich hinführen zu etwas, von dem ich nicht wusste, dass es das gibt, und dass es gut für mich ist« – so passt es eher. Gott führt den Menschen Wege, die ihn zu sich selbst, zu seinem »Glück« führen, wenn man sich Gott vorbehaltlos überlässt. Nur so kann ich mir den Weg erklären, den ich in den letzten Jahren gegangen bin, ja, fast gegangen worden bin. All das ergibt im Nachhinein einen solchen Sinn, dass ich sprachlos davor stehe.
Tagebuch vom 13. Juli 1999

Wenn ich mir mein Leben so anschaue – dann bin ich wahrscheinlich deshalb glücklich geworden und habe ein bisschen Erfolg gehabt, weil meine Pläne meistens durchkreuzt worden sind, meine Ideen gescheitert sind, sich immer alles ganz anders entwickelt hat, als ich es gewollt hatte.

Gott und Kirche – das war nicht vorgesehen, als ich mein Leben plante. Damals war Wirtschaft und Karriere angesagt. Und natürlich Familie, eine gute gelingende Beziehung, Kinder … Das war damals die erste große Lebenskurve: der Wechsel von der Industrie hin zur Sozialpädagogik. Es war nicht eingeplant, es kam so …

Auch Kirche als Arbeitgeber stand in meinem Lebensprogramm nicht drin, und mit Freiburg und Umgebung hatte ich außer dem einen oder anderen Schwarzwaldurlaub bis dahin eigentlich auch nichts am Hut. Aber meine Zeit als Diözesanleiterin des BDKJ in Freiburg wurden unsagbar gute und wichtige, wenn auch nicht immer einfache Jahre … Und dann dachte ich, ich wüsste wie es weitergeht – aber so ging es nicht weiter. Ich fand mich auf einmal in der Freiberuflichkeit wieder und hatte doch auf eine Stelle in der Kirche gehofft.

Nicht vorgesehen war auch der Umzug nach Rheinhessen – und die Begegnung mit Angelo Stipinovich. Und dann hieß die Herausforderung auf einmal »Viernheim« – und als ich mich darauf einließ, wurde es wieder vollkommen anders, als ich es mir gedacht hatte.

Und die Schriftstellerei war überhaupt nicht vorgesehen … – und jetzt bin ich seit zwanzig Jahren dabei.

Wie heißt dieser alte, nette Spruch? Denn erstens kommt es anders und zweitens als man denkt …

Bittet und es wird euch gegeben; sucht und ihr werdet finden; klopft an und es wird euch aufgetan. Denn jeder, der bittet, empfängt, und wer sucht, findet, und wer anklopft, dem wird aufgetan. Wo ist unter euch ein Vater, der, wenn ihn sein Sohn um einen Fisch bittet, ihm statt des Fisches eine Schlange gäbe? Oder wenn er um ein Ei bittet, ihm einen Skorpion gäbe?

Lukasevangelium 11,9–12

Für viele gehört dieses Evangelium zu den trostvollen und tröstenden Stellen des Neuen Testaments. Welche Zusage aber auch: »Bittet und euch wird gegeben, suchet und ihr werdet finden, klopft an und euch wird aufgetan!«

Aber wenn man genau hinschaut, dann ist diese Stelle eben nicht nur nett und tröstend, sondern sogar ziemlich radikal – und man ahnt spätestens dann darum, dass es nicht nur um eine schöne Zusage geht, wenn Gebete nicht erhört werden, die Suche erfolglos ist, und Türen verschlossen bleiben. Was ist dann mit dieser Zusage? Hält Gott seine Versprechen doch nicht?

Ich möchte Ihnen gerne eine kleine Geschichte aus meinem Leben erzählen. Manche von Ihnen wissen, dass ich in Wiesbaden geboren und aufgewachsen bin – und dass meine Eltern dort immer noch leben. Meine beruflichen Wege hatten mich in den Schwarzwald verschlagen – und ich lebte sehr gerne dort. Vor zehn Jahren erkrankte völlig überraschend meine Mutter, damals 72 Jahre alt, von heute auf morgen Krankenhaus, über ein halbes Jahr hin sechs Operationen, schließlich die Amputation eines Beines, Reha. Mein Vater leidet an einer Verletzung aus dem Zweiten Weltkrieg – und schnell war klar: Der Zustand meiner Eltern ist so, dass ich einfach räumlich mehr in die Nähe ziehen muss. Ich war damals freiberuflich tätig, und so war es ziemlich egal, ob ich die Bücher im Badischen oder im Rheinhessischen schrieb, zu meinen Kursen von Mainz oder Freiburg aus startete. Ich suchte also eine Eigentumswohnung irgendwo in Rheinhessen, möglichst nahe an Mainz. Diejenigen, die so etwas schon einmal mitgemacht haben, wissen, was das heißt: Als alleinstehende Frau sich kundig machen über Teilungserklärungen, Bankkredite, Finanzierungen und Vertragsfragen – und auf eine Entfernung von 200 Kilometern mit einem mehr als gut gefüllten Terminkalender eine Wohnung zu suchen. Ich machte mehr als drei Kreuze, als ich schließlich eine schöne Wohnung bei Wörrstadt gefunden hatte, der Notarstermin feststand und die Finanzierung gesichert war.

Einen Tag vor dem Termin beim Notar klingelte das Telefon, die Maklerin aus Mainz war dran und sagte ganz behutsam: »Setzen Sie sich am besten erst mal!«. Die Eigentümer hatten einen Tag vor dem Notarstermin die Wohnung an einen anderen verkauft, der 10.000 Mark mehr geboten hatte. Die ganze Suche konnte wieder losgehen. In solchen Situationen wird ein Satz wie »Suchet und ihr werdet finden!« zum blanken Hohn.

Ich fing wieder von vorne an. Die Maklerin hatte wohl auch ein schlechtes Gewissen und bediente mich eifrig mit Wohnungsangeboten. Bei einem wurde ich besonders neugierig, es war zwar viel zu weit von Mainz weg, aber in der Ausschreibung stand drin: »Der Bauherr ist Ihnen auch gerne beim Umzug behilflich!«. Die Wohnung war zwar uninteressant, aber ein Bauherr, der so etwas anbot, interessierte mich. Und so machte ich einen Termin aus, verliebte mich in eine wunderschöne Dachgeschosswohnung, deren »Kniestock«

gerade mal ein Meter hoch war – und landete in einem kleinen rheinhessischen Dorf in der Nähe von Alzey.

Und ich habe mich später oft gefragt: »Was um alles in der Welt mache ich eigentlich hier?«.

Drei Jahre später wurde ein junger südafrikanischer Priester Pfarrverwalter unserer kleinen Diasporagemeinde – und es begann eine geistliche Freundschaft und eine wunderschöne Zusammenarbeit in der Gemeinde. Und als es anstand, dass er als junger Priester eine größere Aufgabe übernehmen sollte, fanden wir es beide schade, dass das Miteinander damit beendet sein sollte. Und so wurden wir bei der Diözese vorstellig – und das Unglaubliche geschah: Ich bekam eine halbe Stelle in den beiden Gemeinden, die dieser junge Priester übernehmen sollte.

Dass ich heute hier in Viernheim als pastorale Mitarbeiterin in Aufgaben tätig sein darf, die mich unsagbar erfüllen, dass ich mit diesen Herausforderungen glücklich bin, das liegt eigentlich daran, dass vor neun Jahren ein Verkäufer einen Tag vor einem Notarstermin eine Wohnung an jemand anderen verkaufte. Ich habe damals geschimpft und gehadert, auch mit Gott – und doch war es gut so, wie es war. Mein Leben hätte vollkommen andere Bahnen genommen, wenn meine Bitten damals erfüllt worden wären.

Ein Wort von Konrad Adenauer kommt mir in den Sinn: »Die Menschen leben alle unter dem gleichen Himmel, haben aber nicht alle den gleichen Horizont.« Und das gilt auch für Gott: Sein Horizont ist weiter, ist größer, als meiner. Er agiert in Zeiträumen und in Dimensionen, die meinem begrenzten Denken verschlossen bleiben.

Ja – die Zusage gilt: Bittet und euch wird gegeben, suchet und ihr werdet finden, klopft an und euch wird aufgetan.

Dummerweise wird nicht dazu gesagt, ob das, was uns gegeben wird, das ist, worum wir gebeten haben, ob das, was wir finden werden, das ist, was wir gesucht haben, und ob es immer die Vordertür ist, die uns geöffnet wird. Manchmal ist das, was wir uns wünschen, von unseren begrenzten, manchmal sogar kleinen Vorstellungen bestimmt. Gott denkt größer, weiter, ewiger. Wir leben alle unter dem gleichen Himmel, haben aber nicht alle den gleichen Horizont – Gottes Horizont ist größer.

Und es gibt eine zweite Zusage: Wer um ein Ei bittet, wird keinen Skorpion bekommen – und wer um einen Fisch bittet, wird keine Schlange erhalten. Gott schenkt nichts Böses oder Vernichtendes. Was aber geschieht, wenn einer, der um ein Ei bittet, plötzlich ein Huhn bekommt? Und der mit dem Fisch eine Angel?

Natürlich werden sie sich erst mal beschweren, dass sie nicht das bekommen haben, was sie gewollt haben – um vielleicht irgendwann später einmal zu erkennen, dass das, was Gott ihnen geschenkt hat, unendlich viel mehr ist, als das, was sich ihre Fantasie erbitten konnte.

Ganz ehrlich gesagt: Ich bin froh, dass Gott manche Bitten in meinem Leben nicht so erfüllt hat, wie ich es gerne gehabt hätte. Seine Ideen waren eindeutig besser. Ich bin ausgesprochen gerne in Viernheim, und ich bin ziemlich glücklich hier – und ich wäre nie auf die Idee gekommen, Gott um so etwas zu bitten, weil ich in meinem engen Horizont auf solche Ideen gar nicht gekommen wäre …

Manche Lebenssituationen erschließen sich erst im Nachhinein – und es zeigt sich: Es war gut so, wie es war …

Die Bibel verstehen in 25 Schritten (2004)

Eigentlich bin ich mit fast all dem, was ich mir vorgenommen hatte, gescheitert – weil es da etwas Besseres, Schöneres, Herausforderndere s gab, das zwar auf den ersten Blick meine Pläne durchkreuzte, aber sich dann, als ich mich seufzend und stöhnend darauf einließ, als das eindeutig »Richtigere« erwies.

Rückblickend habe ich den Eindruck: »Ich habe manchmal zu eng, zu klein, zu wenig weit gedacht!« Da hat ein anderer, und das ist für mich Gott, seinen größeren Horizont eingebracht. Meine Pläne, meine Vorhaben, waren vielleicht manchmal eine Spur zu klein, eine Spur zu konventionell, eine Spur zu viel auf Sicherheit bedacht.

Gott hat die meisten meiner Pläne ziemlich durchkreuzt – Gott sei Dank. Ich bin froh drum!!

Dadurch ist eine Weite, eine Freiheit, eine Hingabe in mein Leben gekommen, in der ich nicht mehr der Mittelpunkt der Welt bin. Und darin begründet sich auch die Hoffnung, dass Gott damit ja wohl hoffentlich nicht aufhören wird, bloß weil ich 50 Jahre alt werde.

Ja, ich hatte mal wieder Pläne: Ich konnte mir gut vorstellen, noch ein paar Jahre hier in Viernheim zu sein, und dann für die letzten zehn Jahre vor der Pensionierung auf eine andere Stelle zu wechseln – und so langsam kann man ja auch den Ruhestand anpeilen … Vergiss es!

Die Zeichen der letzten Wochen und Monate deuten auf alles andere als eine nette, angenehme und überschaubare Stelle für die nächsten zehn Jahre meines Lebens. Ich weiß nicht, wohin es mit mir gehen wird – aber die Zeichen stehen für Aufbruch.

Und ich bin bereit dazu. Ich habe gelernt, dem Leben und meinem Gott zu vertrauen.

Klar, ich muss trotzdem mein Leben planen und in den Blick nehmen – aber ich bin auch bereit, meine Pläne durchkreuzen zu lassen, wenn Gott etwas Besseres für mich weiß. Und ich glaube, genau das ist Hoffnung – Meines ihm geben und darauf vertrauen, dass er etwas Gescheites daraus machen wird. Meinen Teil tun und ihm Seinen nicht abnehmen. Mir meine Pläne und Vorstellungen durchkreuzen lassen – und darauf vertrauen, dass er mit mir geht, dass er weiß, wo es mit mir hingehen soll …

Hoffen – das ist immer auch Risiko, denn es ist ein Weg voller Vertrauen durch die Nebel hindurch …

misty cliffs

es gibt
eine welt
hinter der welt

du musst nur
durch
die nebel hindurch

die zweifel
die angst
das festhalten

dein fragen
dein sorgen
deine wichtigkeiten

der weg
in die andere welt
geht immer durch die nebel hindurch

und erst dann
wirst du erkennen
was wirklich zählt

übrigens:

das passwort
für den fährmann
heißt:

liebe

26. November 2004

Nur wer liebend ist, kann hoffend sein. Liebe ist kein Machen und Tun – lieben ist eine Haltung, eine Einstellung. Und wer liebend ist, glaubt daran, dass es gut wird. Auch wenn Pläne und Ideen durchkreuzt werden …

Hoffnung glaubt sich durch alle Nebel hindurch …

»Man darf die Hoffnung nie aufgeben!«, sagte die ältere Dame ein wenig salbungsvoll, wünschte mir noch »Alles Gute!« und schritt hoheitsvoll von dannen. Wahrscheinlich war sie auch noch zutiefst überzeugt davon, mich jetzt richtig aufgebaut zu haben.

Ich aber blieb eher ratlos und leicht verärgert zurück. Man darf die Hoffnung nie aufgeben – nett gesagt. Aber ich wusste ja noch nicht einmal, was ich mir eigentlich erhoffen soll oder will.

Vor knapp drei Wochen ist mein Vater von heute auf morgen zum Pflegefall geworden. Seitdem hat er das Bett nicht mehr verlassen, kann sich nicht einmal mehr alleine umdrehen, sieht Schatten, die vorübergehen, will zum Bahnhof, um Fahrkarten nach Breslau zu kaufen. Wir, meine Mutter, mein Bruder und ich, waren erst mal ziemlich schockiert und überrascht von dem rapiden Verfall dieses Mannes, den wir, jeder auf seine Art und Weise, lieben. In Absprache mit dem Arzt haben wir entschieden, ihn nicht ins Krankenhaus zu geben, um ihm unnötige und nur qualvolle Untersuchungen zu ersparen. Uns allen war klar, er geht dem Tod entgegen. Er wird, im wahrsten Sinne des Wortes, nicht wieder auf die Beine kommen. Mit fast 88 Jahren darf man das auch – und doch tut uns dieses Eingeständnis sehr weh. Egal, wie alt jemand ist: Es ist der Ehemann, den man seit 65 Jahren kennt, es ist der Vater.

Nach dem ersten Schock folgte eine Phase des Organisierens: einen geeigneten Pflegedienst finden, Antrag auf Höhergruppierung der Pflegestufe, Verhandlungen mit der Krankenkasse, Absprachen mit dem Arzt, Rezepte über eine neue Matratze gegen das Aufliegen, für Windeln und Einlagen.

Und im Mittelpunkt immer wieder mein Vater, der in meinen Erinnerungen so groß und mächtig ist, jetzt hilflos wie ein kleines Baby, vollkommen von uns abhängig. Er schläft viel, isst wenig, muss gewindelt werden, liegt in all seiner Nacktheit vor uns.

Zum Glück leidet er keine körperlichen Schmerzen – aber was es für einen Menschen wie ihn heißt, nicht mehr zur Toilette gehen zu können, kann ich ungefähr erahnen. Es gibt Schmerzen, die mit keinen Schmerztabletten zu lindern sind.

Und ich habe Hochachtung vor meiner Mutter, die sich, mit ihren fast 83 Jahren und beinamputiert, so hingebungsvoll in die Pflege ihres Mannes hineingibt, ihm immer wieder einen Schluck Wasser hineinschmeichelt, einen Löffel Pudding – und ihn zwischendrin auch trockenlegt, wenn es denn angesagt ist. Und in diesen Stunden ahne ich dann auch, was Liebe eigentlich heißen kann … man lässt den anderen nicht alleine, wenn es ihm dreckig geht.

Und zwischendrin, wie kleine Geschenke in all dem Durcheinander, ein Lächeln meines Vaters, vertraute Sätze wie »Pass auf dich auf!«, »War die Post schon da?« oder auch ganz einfach »Geht es dir gut?«. Und manchmal muss ich einfach lachen – trotz aller belastenden Umstände: »Willst du schlafen?« – »Wenn man mich alleine lassen würde, würde ich vielleicht schlafen!«, sagt er etwas undeutlich ohne Gebiss und grinst eindeutig in sich hinein.

»Man darf die Hoffnung nie aufgeben!« – ja, aber die Hoffnung worauf? Sollen wir ihm wünschen, dass er möglichst lange lebt? Unter diesen Umständen? Auf die Gefahr hin, dass sich auch meine Mutter in der Pflege so aufreibt, dass es ihren Tod bedeutet? Sollen wir darum beten, dass Gott ihn bald zu sich rufen soll? Dass er erlöst wird? Worauf soll ich, bitte schön, hoffen? Ich weiß es nicht. Ich weiß nicht, was gut für meinen Vater ist, was meine Mutter braucht.

»Man darf die Hoffnung nie aufgeben!« – was aber macht man, wenn man nicht einmal mehr weiß, worauf man hoffen soll? Wie hofft man richtig?

Heute Morgen habe ich die Antwort bekommen. Es gibt Antworten, die kann ich mir nicht selbst geben, die müssen mir von anderen zugesagt werden. Die Antwort gab es interessanterweise in meiner Autowerkstatt. »Sie sind doch vom Fach!«, sagte die Frau, als ich von zu Hause erzählte. »Sie wissen eigentlich, dass Gott seine Pläne hat, die wir oft nicht durchschauen. Und doch – er will uns gut!« Man darf die Hoffnung nie aufgeben – vielleicht hatte die etwas arrogante Dame doch irgendwie Recht gehabt.

Ich weiß nicht, was für meinen Vater, was für meine Mutter, was für uns gut ist – noch möglichst lange leben mit all den Behinderungen, mit all den psychischen Schmerzen? Möglichst rasch sterben? Ich weiß es nicht ... und niemand von uns weiß es.

Meine Hoffnung geht weder in die eine noch in die andere Richtung – denn ich kann es nicht mehr entscheiden. Ich kann nicht sagen, was gut ist. Meine Hoffnung aber geht zu Gott. Ich hoffe darauf, dass er uns im Blick hat, dass er weiß, was er tut und was er lässt, dass er uns nicht alleine lässt – und dass er uns die Kraft gibt für das, was jetzt ansteht.

Diese Hoffnung hat etwas mit Vertrauen zu tun. Sie hat keinen Namen – sie heißt nicht: lange leben oder bald sterben. Diese Hoffnung heißt: Gott weiß, was er tut – auch wenn wir es nicht verstehen. Diese Hoffnung darf man nie aufgeben. Denn es ist der einzige Halt, den wir haben, wenn unser Leben in ein Chaos hineingerät. Gott weiß, was er tut – auch, wenn wir es nicht verstehen.

Diese Hoffnung darf man nie aufgeben ...

Januar 2004

Am 27. März 2004 ist mein Vater gestorben.

Ostern 2004

der schnitter tod
ist über die felder gegangen
und hat sich das leben geholt

und das leben
ist in den boden gefallen
und vergeht

und schlägt wurzeln
und treibt blüten
und trägt blätter

und bringt
frucht
und bleibt

jetzt
und in
ewigkeit

amen

17. April 2004

Ostern und Hoffnung – das sind eigentlich Synonyme. Ostern leugnet den Karfreitag nicht – die Hoffnung kennt das Leid, das Dunkel, den Schmerz. Und doch – durch den Karfreitag hindurch geschieht Ostern, die Hoffnung ist stärker als alles Dunkel und Leid, und das Leben besiegt den Tod. Verstehen kann man es nicht – man kann nur das Risiko eingehen, es zu glauben

Ein Foto, das ich sehr liebe, zeigt einen sehr guten Freund von mir, aber in einer ungewöhnlichen Perspektive. Der Kopf ist abgewandt, er hat die Hände in den Hosentaschen – aber die Mitte des Bildes wird von seinem Rücken eingenommen und dem Sweat-Shirt, auf dem einige mystische Zeichen und der Spruch: »Put a little bit of magic in your life« zu sehen sind – auf deutsch etwa: »Bring ein bisschen Zauber in dein Leben!« oder vielleicht auch: »Stell ein wenig vom Geheimnis in dein Leben!«

Wenn ich bewusst auf dieses Bild schaue, muss ich immer ein wenig schmunzeln. Ich mag diesen Freund sehr gerne, wir verstehen uns sehr gut – aber an ihm habe ich auch gelernt, das Anderssein des anderen zu respektieren, ihm seine »Geheimnisse« zu lassen – und mich immer wieder überraschen zu lassen. Mit ihm hat ein gewisser »Zauber«, ein »Geheimnis« Einzug in mein Leben gehalten.

Ich kenne ihn, glaube ich, ziemlich gut – und doch würde ich mich nicht trauen, irgendeine Handlung, eine Bemerkung vorherzusagen. Ich bin dabei zu lernen, keine Erwartungen mehr an ihn zu haben, sondern erwartend zu sein, keine Bedingungen mehr zu stellen, wie er sein oder werden soll, sondern ihn so zu lassen, wie er ist. Ich möchte unsere Freundschaft nicht »entzaubern«, ich möchte ihr das »Geheimnis« nicht nehmen. Das ist nicht immer leicht, zugegeben.

Aber ich glaube, dass ich an ihm etwas lerne, was im tiefsten Sinne mit Freundschaft zu tun hat: dem anderen den Raum zu geben, so zu leben, wie er leben möchte – auch wenn es anders sein mag, als ich es mir gedacht habe ... das Meine dazu zu tun, dass er in der Freiheit der »Kinder Gottes« leben kann.

»Put a little bit of magic in your life!" – könnte es nicht sein, dass es genau das ist, was »glauben« meint? Entzaubere dir dein Leben nicht, sondern gib dem Geheimnis Raum. Glaub daran, auch wenn du es nicht ganz verstehst. Versuche nicht, das Rätsel aufzulösen, sondern werde Teil des Rätsels, werde Teil der Verwandlung. Lass den Zauber zu. Ja, lass dich verzaubern! Lass dich mitnehmen zum Leben und zur Lebendigkeit – ohne zu fragen, warum und wie das gehen kann.

Wir können und werden nicht verstehen, was Auferstehung und Wandlung meint – wir können uns nur hineingeben und es leben.

Wir werden unseren Gott nicht verstehen – und wir sollten nicht versuchen, sein Geheimnis lösen zu wollen. Vielleicht steht es einfach nur an, seinem Geheimnis in unserem Leben Raum zu geben – so wie wir einem guten Freund zugestehen, sein eigenes Leben zu leben.

Glauben, das kann man nicht verstehen – das kann man nur leben.

Put a little bit of magic in your life ...

Und jeden Tag mehr leben. Jahreslesebuch (2003)

Auch Hoffnung ist nicht zu verstehen, Hoffnung kann man nur leben. Wenn ich versuchen würde, einem anderen meine Hoffnung zu erklären, würde etwas von dem Geheimnis sterben.

Hoffnung

Alexander Holzbach

Ja, Hoffnung hat etwas mit Vertrauen zu tun. Beide sind nicht voneinander zu trennen. Und beide sind sie sind Gaben: Wir Menschen können uns weder die Hoffnung noch das Vertrauen selbst erschaffen. Eines Tages, in bestimmten Momenten unseres Lebens merken wir: Ja, sie ist da, die Hoffnung. Sie trägt über Abgründe. Sie geleitet durch Nebel. Sie beschützt in der Angst. Sie macht Mut im Nicht-mehr-weiter-Wissen.

Interessanterweise erspüren wir das meist im Nachhinein, im Rückblick. Sören Kierkegaard hat Recht, wenn er meint, man verstehe das Leben nur rückwärts, aber es sei vorwärts zu leben. Ja, im Rückblick gehen einem manchmal die Augen auf. Man erkennt zuweilen sogar Gottes Fügung und wird dankbar. Solche Dankbarkeit stärkt die Hoffnung neu und gibt Mut, die Wege vorwärts weiter zu wagen.

»Der Gott unseres Glaubens ist der Grund unserer Hoffnung, nicht der Lückenbüßer für unsere Enttäuschungen« (Würzburger Synode). Ja, Hoffnung hat etwas mit Vertrauen zu tun. Wenn Lebenspläne durchkreuzt werden, Umwege zunächst wie Irrwege erscheinen, darauf Wege zu Glück führen, die man selbst so nie gewählt hätte, dann verbittert jenes Herz nicht, das glaubt. Es empfindet tiefe Dankbarkeit und schöpft neues Zukunftsvertrauen. Was anderes ist Hoffnung? Gepaart mit Sehnsucht und Geduld.

Die Gabe Hoffnung gehört zu den großen Geheimnissen, die, dann und wann aufmerksam wahrgenommen, dem Herzen Kraft schenken zur Hingabe. So gelingt Leben.

Pater Alexander Holzbach

DANKBARKEIT

Wer fertig ist, dem ist nichts recht zu machen, ein Werdender wird immer dankbar sein.
JOHANN WOLFGANG VON GOETHE

Jubelt dem Herrn, alle Lande, in Freuden dient dem Herrn, vor sein Angesicht kommt mit Jauchzen!
PSALM 100,1

In mir ist ein tiefes Gefühl der Dankbarkeit. Wie kommt es, dass mir gerade Angelo über den Weg geschickt wurde, der in einer so guten Art und Weise mich und meinen Glauben herausfordert, mich in meiner persönlichen Entwicklung stützt?
Ja, ich sehe es durchaus so, dass Gott unsere Wege sich hat kreuzen lassen, um eine gemeinsame Aufgabe zu erfüllen – und dass ich für diese Zeit, für diese Aufgabe und diese Freundschaft sehr dankbar bin!
Was nach dieser Zeit in Viernheim sein wird, das wird man sehen. Kann sein, dass dann neue Aufgaben anstehen, die wir nicht gemeinsam angehen können oder sollen.
Umso mehr Grund, jetzt dankbar für diese Zeit zu sein … und durchaus über die Wege Gottes auch zu staunen.
Tagebuch vom 4. März 2000

Dankbarkeit ist eigentlich eine Lebenshaltung, eine Lebenseinstellung. Sie hat wenig mit »machen« oder »sagen« zu tun. Ich meine damit nicht das einstudierte »Wie sagt man, wenn man etwas bekommen hat?« und nicht das »Danke«, mit dem ich mich »loskaufen« will, wenn mir jemand etwas geschenkt hat. Dankbarkeit ist viel eher eine gewisse Art zu leben und zu sein – und so zu leben, bringt wiederum Dankbarkeit mit sich.

Von daher gehören andere Einstellungen und Haltungen dazu, ohne die Dankbarkeit gar nicht denkbar wäre. Sich des Lebens bewusst zu sein, fällt mir da ein, das Geschenk meines Lebens nicht als selbstverständlich anzusehen, noch staunen zu können, einen Blick für das Kleine, ein Ohr für das Leise zu haben, sich überraschen lassen zu können, den Aufbruch zu wagen und etwas zu riskieren, vielleicht auch Treue, ein Ziel vor Augen, nicht von gestern zu sein und nicht erst im Irgendwann – und doch das Gestern und Morgen heute zu leben …

Und vielleicht das Entscheidende: Gott in mein Leben hereinzuholen, ihm etwas zuzutrauen, meine Rechnung nicht ohne ihn zu machen … ihm die Freiheit zu geben, in mein Leben hineinzuwirken. Das aber ist der absolute Perspektivwechsel …

Irgendwann heute Abend, kurz nach 21.00 Uhr, hat es bei mir »klick« gemacht.

Wir hatten Pfarrfest heute, ich war seit genau dreizehn Stunden auf den Beinen und auf dem Gelände einer unserer beiden Pfarreien zugange, und saß jetzt, ziemlich müde, bei einem Bier an einem dieser so ungemütlichen Biertische, deren Ungemütlichkeit man nach etlichen Stunden (oder mag es doch eher mit dem zweiten Bier zusammenhängen?) gar nicht mehr so empfindet. Es war ein toller, runder Tag gewesen, das Wetter hatte mitgespielt, alles hatte zusammengepasst, 60 Salate, 70 Kuchen und 400 Grillwürstchen waren verkauft worden, der Gottesdienst war sehr dicht gewesen, das Musical, das von 60 Kindern und Jugendlichen aufgeführt worden war, ein riesengroßer Erfolg – kurz, es ist einer der Momente, wo man so unsagbar gern in dieser Gemeinde mitarbeitet.

Jetzt hatte sich eine Frau zu mir gesetzt, die ich aus der Gemeinde kannte, wir kamen ins Gespräch und sie erzählte mir, dass ihr Nachbar mit dem Rechtsanwalt gegen ihre Katze vorgeht und wie sehr sie darunter leidet.

Als sie sich dann noch ein Bier holte und ich einen Moment zur Ruhe kam, fiel mir plötzlich auf, mit wie vielen Menschen ich heute im Gespräch gewesen war und wie viele Menschen ich hier eigentlich kenne: Da kam einer und wollte wissen, was man denn an einem Patrozinium feiert. Eine andere, von deren Eheproblemen ich weiß, signalisiert mir ganz kurz: Es ist grad okay. Ein anderer fragt nach der Prozession beim Großen Gebet. Regina erkundigt sich, wie es meiner Mutter geht, und Frau Hansen, die vor kurzem bei uns im Gemeindezentrum gestürzt ist und seitdem im Krankenhaus lag, ist heute auch wieder dabei. Es war ein Tag mit Gesprächen und Gesprächen und Gesprächen ... Manche schwierig, andere traurig, viele erfreulich, interessant, reizvoll.

Manchmal erlebe ich diese vielen kleinen Gesprächssituationen als anstrengend – denn es ist oft auch eine Gratwanderung, die mit meiner Rolle zu tun hat: Wie viel Nähe lasse ich zu, wie viel Distanz brauche ich? Heute Abend habe ich es auf einmal als einen ungeheuren Reichtum erlebt –

und das war der Moment, in dem es bei mir »klick« machte. Ich habe aufgrund meiner Arbeit in der Gemeinde so unsagbar viele Menschen und so unsagbar viele Schicksale kennen gelernt – und bin in so vieles involviert und eingebunden! Es ist toll, so mit Menschen verbunden zu sein – und mich so mit Menschen verbinden zu können, mit ihnen Wege gehen zu können, Entwicklungen mitzubekommen und mich bei diesen Wegen einbringen zu können, vielleicht Wegbegleiter zu sein. Und das »toll« kann dabei sicher in der doppelten Bedeutung des Wortes verstanden werden – es ist schön und faszinierend und verrückt zugleich.

In mir war und ist heute Abend sehr viel Dankbarkeit für das, was mir mit diesem Beruf, mit meiner Aufgabe auch geschenkt wird – so belastend es manchmal auch sein mag. Wege mit so vielen Menschen zu gehen – das ist eine Herausforderung und nicht immer leicht. Aber es ist auch faszinierend ... Und ein Anlass, einmal danke zu sagen für all die Menschen, die mir so sehr vertrauen, dass sie sich mir anvertrauen, danke zu sagen für all die Menschen, die mir auf meinem Weg begegnen.

Ja, ich habe allen Grund, für mein Leben dankbar zu sein – auch wenn es nicht immer leicht war.

Ich durfte zur Welt kommen, auch wenn meine Eltern zu diesem Zeitpunkt bettelarm waren – aber ich durfte leben.

Meine Eltern konnten mir nach heutigen Maßstäben finanziell nicht viel bieten – Feiertag war, wenn es eine Flasche Malzbier gab. Aber sie haben mir viel Entscheidenderes gegeben: ihre absolute Liebe und ihre bedingungslose Solidarität, wenn ich mal Mist gebaut hatte.

Ich bin den richtigen Menschen zum richtigen Zeitpunkt begegnet – und sie haben mich herausgefordert, mich unterstützt, mich gehalten, mich konfrontiert, mich das Loslassen gelehrt.

Ich habe die Aufgaben in meinem Leben bekommen, die gepasst haben, an denen ich gewachsen bin, die mir gut getan haben – auch wenn manchmal dabei alle meine Pläne durchkreuzt wurden. Ich habe unsagbar viel erleben dürfen – eigentlich reicht es für drei Menschenleben aus – und es war schön so! Und ich werde fünfzig dieses Jahr – und finde es nicht selbstverständlich, dass ich halbwegs gesund bin.

Da gibt es Freunde, die mich begleiten, und Menschen, die ich sehr mag. Es gibt ein paar Orte, an denen ich zu Hause bin, Heimat gefunden habe. Es gibt Bücher und Musik und Bilder und Landschaften … Und es gibt einen Gott, an den ich glauben kann – und dem ich mich und mein Leben geben kann.

Dankbarkeit hat etwas mit »bewusst leben« zu tun – und damit, dass ich mein Leben anschaue, es wahrnehme. Zugegeben, manches, was wir erleben, lädt nicht gerade zur Dankbarkeit ein. Wie will ich für Krankheit und Tod, für Scheitern und Grenzerfahrungen dankbar sein?

Aber im Nachhinein bekommt manches seinen Sinn, was ich im konkreten Erleben nicht sehen, nicht wahrhaben konnte. Das, was ich erlebt habe, hat in meine Kategorien des Lebens nicht hineingepasst – und das hat manchmal sehr wehgetan. Manchmal wurden mit dem, was mir zugemutet wurde, Grenzen überschritten. Aber wie will ich wachsen, wenn nicht ab und an Grenzen überschritten werden – oder ich Grenzen überschreite?

Meine Grenzen beschreiben mich zwar, begrenzen mich zugleich aber auch. Um Entwicklung und Wachstum in mir möglich zu machen, ist es notwendig, immer wieder meine Grenzen auch zerfließen zu lassen, sie aufzuheben, zu überqueren, vielleicht sogar auch einmal zu überschreiten: etwas auszuprobieren, was ich noch nie getan habe; mich auf einen Menschen einzulassen, der mir fremd ist; die verrückten Ideen in mir endlich einmal zu tun.

Lebendigkeit hat etwas mit »sein« und »werden« zu tun. Setzte ich immerfort nur Grenzen, so würde ich mich mit der Zeit selbst einmauern, da würde aus Stabilität Starrheit, aus Begreifbarkeit Unangreifbarkeit, aus einem Gartenzaun würde eine Mauer.

Ich bin gefragt, immer wieder zu überprüfen, ob meine Grenzen noch stimmen, ob es nicht an der Zeit ist, Grenzen zu verändern – und vielleicht auch einmal darüber hinwegzusteigen. Meine Grenzziehung stimmt immer nur für eine bestimmte Lebenssituation: Wenn sich meine Lebenssituation verändert, werde auch ich andere, neue Grenzen ziehen müssen. Bleiben meine Grenzen gleich, obwohl sich meine Lebensumstände ändern, dann sterbe ich bei lebendigem Leib, dann werden meine notwendigen Grenzen zu Todesfallen.

Wenn Identität Grenzziehung und »sein« bedeutet, so heißt Wachstum »Grenzen überqueren« und »werden«.

Es braucht beides in meinem Leben: Das Ziehen von Grenzen und das Überschreiten dieser Grenzen.

Und damit werde ich zu einem Grenzgänger zwischen Hier und Dort, Gestern und Morgen, Sein und Werden.

Ich bin Lust am Leben (1992)

Und das bringt es manchmal mit sich, dass ich auch für etwas »danke« sage, was eigentlich nicht leicht und nicht schön ist, eben weil Grenzen überschritten werden.

Eine solche »Grenzüberschreitung« war für mich der Tod meines Vaters.

es fällt schwer
in solch einer Situation
des Verlustes
der Trauer
danke zu sagen

wofür soll man
Gott danken
wofür soll man
dankbar sein?

für diese Zeit des Leidens
für die Tatsache
dass ein Partner den anderen
gehen lassen muss
dafür dass man selbst
an Grenzen kommt

nein
dafür sagen wir nicht danke
und dafür müssen wir nicht danke sagen
denn es kommt nicht von Gott

all das ist ganz einfach
Teil unseres menschlichen Lebens

es gehört dazu
es gehört zu den Grenzen
in denen wir leben
und mit denen wir
leben lernen müssen

das Leiden
das Gehen
die Grenzen
der Tod

das ist
Mensch sein

aber
Mensch-sein
das heißt auch
gelebt zu haben
geliebt zu haben
gewesen zu sein

Mensch
gewesen zu sein

einmalig
unverwechselbar
einzigartig

und dafür sagen wir
danke

danke
dass es dich gab
und in unseren Gedanken
immer noch gibt

danke
dass du unser Leben geprägt hast
und noch immer prägst

danke
für all das
was du uns Gutes getan hast
und von dort aus
wo du jetzt bist
immer noch tust

danke dafür
dass wir teilhaben durften
an einem einzigartigen Leben

und dieser Dank
ist größer als unsere Trauer
dieser Dank ist größer
als aller Verlust

wir sagen danke für dich
und geben dich in die besten Hände
die wir uns denken können
in die Hände unseres Gottes

und wir geben uns
in die Hände unseres Gottes
möge er unsere Wunden heilen
uns in unserer Trauer trösten

möge er der Gott sein
für uns Lebende
und für unsere Toten

Dankbarkeit kann aber auch falsch verstanden und missbraucht werden. Es gehört zum »guten Ton«, danke zu sagen, wenn man etwas bekommt – und das ist auch gut so. Nichts, was mir geschenkt wird, ist selbstverständlich – und mir das durch das Wörtchen »danke« ins Bewusstsein zu rufen, schadet sicher nichts.

Aber weil das so ist, wird es manchmal auch »benutzt«. Man macht ein Geschenk, gleich welcher Art – und will eigentlich ein Gegengeschenk, will die Dankbarkeit, die Aufmerksamkeit des anderen. Man schenkt etwas, um den anderen zu verpflichten – und wehe, er sagt dann nicht »danke«, wehe, ich bekomme nicht das erhoffte Gegengeschenk. Und dann hagelt es Vorwürfe, es gibt Krach und Streit.

Eines der Bücher, das mich mit am meisten geprägt hat, war das Buch »Ich ging den Weg des Derwisch« von Reshad Feild – zugegeben, vielleicht eher der spirituell-esoterischen Ecke zuzuordnen. Aber die zentrale Botschaft, die bei mir ankam, heißt: »Prüfe deine Motive!«

Also: Schenke ich, um etwas zu bekommen – oder weil es mir Freude macht, zu schenken? Umarme ich, weil ich den anderen umarmen will – oder um umarmt zu werden? Berühre ich den anderen, weil es ihm gut tut – oder um mich selbst zu spüren??

Prüfe deine Motive! Wenn du schenken willst, schenke! Wenn du umarmen willst, umarme! Wenn du berühren willst, berühre! Aber erwarte kein Gegengeschenk, keine Umarmung, keine Berührung als Antwort.

In dem Moment, wo ich einen Dank erwarte oder gar einfordere, verzwecke ich mein Geschenk, meine Freundschaft, meine Liebe. Und dann ist es kein Geschenk mehr, keine Freundschaft und keine Liebe. Dann habe ich nicht wirklich den anderen gemeint, sondern eigentlich mich.

Ich glaube: Was ich jemandem Gutes tue, kommt irgendwie zu mir zurück. Es muss nicht unbedingt von demjenigen kommen, dem ich etwas Gutes getan habe, es kann von einer ganz anderen Ecke, von jemand ganz anderem kommen. Nichts geht verloren. Es kehrt immer wieder zu mir zurück – das Gute wie das Schlechte.

Dankbarkeit ist der Blick zurück, aus dem heraus Neues wachsen kann. Dankbarkeit ist das Eingeständnis, dass ich vieles nicht machen kann, sondern dass es mir geschenkt wird. Das macht in einem guten Sinne demütig. Es schenkt die Hoffnung, dass Neues werden kann und werden wird. Und mich macht es manchmal auch sehr stumm. Meine tiefste Dankbarkeit geht oft einher mit dem Fehlen von Worten – Schriftstellerin hin oder her.

In diesem Jahr war der erste Todestag meines Vaters der Ostersonntag, und ich hatte das Gefühl, er schenkt mir an diesem Tag etwas ganz Besonderes. Er schenkt mir seine Zusage: Ich gehe mit dir.

Auf jeden Fall – ich habe an diesem Abend etwas erlebt, was ich noch nie erlebt habe.

Jahres
tag

es ist ganz seltsam
vor einem Jahr bist du gegangen
und doch bist du ganz anders da

natürlich fehlst du
und ich vermisse deine Stimme
und kann dein Schmunzeln nicht mehr sehn
und doch hör ich dich und seh dich lachen
und red mit dir und du bist da

eigentlich bist du für mich noch so lebendig
dass ich manchmal ganz vergesse
dass du nicht mehr lebst
du bist nicht hier
und doch bist du ganz anders da

und manchmal denk ich
ich lerne dich erst jetzt so richtig kennen
dein Wesen deine Art zu sein
das was dich ausmacht in dir lebte
denn jetzt bist du ganz anders da

vielleicht bist du so da
wie du immer da sein wolltest

voll Liebe voller Zärtlichkeit
ein bisschen Stolz ein bisschen Sorge
ein Vater und ein guter Kamerad

manchmal hat der Alltag vieles überdeckt
und unsere Welten sind sich fremd geworden
da war oft Hektik und wir haben uns genervt
jetzt ist bei uns der Frieden eingekehrt
wir können uns so lassen und so sein

Ich glaub du weißt jetzt mehr von mir
ich glaube du verstehst mich jetzt
und ich fang an dich zu verstehen
und ich fang an dich noch mal neu zu lieben
und es ist gut so wie es ist

Ich dachte immer Tod sei Ende
und das ist er sicher auch
und doch ist Tod das Leben

wenn auch ganz anders
als es war

Ostersonntag, 27. März 2005

Vielleicht heißt Dankbarkeit einfach, mein Leben bewusst zu leben, denen verbunden zu sein, die mitgehen, das, was mir geschenkt wird, wahrzunehmen – und das, was mir gegeben wurde, anderen weiterzugeben.

Vielleicht heißt es, Gott nicht immer nur zu bitten, sondern ihm auch einmal danke zu sagen.

Vielleicht heißt mein »danke«: leben ….

und ganz einfach
glücklich

ich bin
ich spür mich
fühl mich
lebendig

Fäden
verweben sich
Wurzeln finden
Boden

Hingabe
wird zur Aufgabe
und Gabe
zum Auftrag

ein Traum
bekommt Gesicht
und spiegelt sich
in Gesichtern

Fragen
werden zur Antwort
und die Suche
beheimatet sich

unter meinen Füßen
wächst der Boden
in meinen Händen
reift die Zukunft heran

und ich
bin
und
werde

ganz einfach
glücklich

Dankbarkeit

Tim Klümper

Liebe Andrea,

eine scheinbar einfache Bitte hast du an mich gerichtet: »Was du schreibst, ist deine Sache – das halt, was du abends sagen würdest, wenn ich dir bei einem Bier dieses Kapitel meines Lebens erzählen würde.« So stand es auf der Karte, die den Seiten mit dem Kapitel »Dankbarkeit« beilag.

Doch der Bogen, den du in diesem Kapitel schlägst, geht weit: Er beginnt bei deiner Dankbarkeit für die Resonanz auf deine Arbeit in der Gemeinde, erstreckt sich über die Dankbarkeit für dein gesamtes Leben bis hin zu der »Grenzüberschreitung«, die der Tod deines wunderbaren Vaters war.

Das, was ich dir an einem gemütlichen Abend dazu sagen würde, wäre wohl Auftakt für ein sehr langes und spannendes Gespräch, für das hier leider kein Raum ist.

Aber ich bin doch an einem Satz besonders hängen geblieben: »Prüfe deine Motive!« Gebe ich nur, um gedankt zu bekommen oder weil ich geben will? Erwarte ich nicht oft eine ganz bestimmte Reaktion?

Diese Erwartungshaltung habe ich mir zumindest bei Gesprächen mit dir völlig abgewöhnt. Anlässe, zu denen ich von dir eine Rückmeldung bekommen habe, mit der ich gerechnet hätte, lassen sich an den Fingern einer Hand abzählen. Meistens hast du auf Fragen eine unerwartete Antwort, für Probleme einen ungewöhnlichen Lösungsansatz, in einer scheinbar völlig klaren Situation, die vermeintlich nur eine Entscheidung zulässt, eine alles in Frage stellende Anmerkung.

Ich kann nicht behaupten, dass mir das immer in den Kram passt – manchmal macht mich das fuchsteufelswild, und es fällt mir schwer, die Fassung zu bewahren (wobei ich mir nicht vormache, dass dir das entgeht). Doch wenn ich in Ruhe über deinen Einwand nachdenke, dann bringt mich das meistens doch weiter. Vor allem deshalb, weil deine unerwarteten Reaktionen nicht um des Widerspruchs willen auftauchen, sondern weil du es wirklich so meinst.

Nur mit diesem Wissen kann man dir auch in deiner entwaffnenden Offenheit begegnen, die manchmal fast schockiert, zum Beispiel wenn du lächelnd mit dem dir eigenen Charme bekennst, dass du heute zwar Zeit hättest, dir aber einfach die Lust fehlt, dich für ein Treffen vor die Tür zu bewegen.

Doch gleichermaßen als Entschädigung hat man die Gewissheit, dass man stets, wenn man mit dir zusammensitzt, deine ungeteilte Aufmerksamkeit genießt.

Und deswegen danke ich dir – für deine Freundschaft, deine Ehrlichkeit und dafür, dass ich bei dir immer weiß, woran ich bin – und vielleicht findet sich bald ja wieder Zeit für einen Abend mit langen, spannenden Gesprächen.

Dein Tim

LEBENDIGKEIT

Sie hat Frieden geschlossen mit den Grenzen des Lebens und ist doch so voller Leben, ein Schiff, das etwas mitgenommen ist vom Sturm, aber ein Schiff auf hoher See und vor dem Wind liegend, und jeder, der den Blick dafür hat, würde darauf wetten, dass es da ankommt, wohin es will, oder vielleicht irgendwo anders, an einer fremden Küste eines fremden Kontinentes, in dem es sein Glück macht.
LUISE RINSER

So spricht Gott, der Herr: Ich öffne euere Gräber und hole euch heraus aus eueren Gräbern als mein Volk; ich bringe euch in das Land Israel. Ich lege meinen Lebensatem in euch hinein, dass ihr lebendig werdet, und bringe euch in euer Land.
EZECHIEL 37,12.14

Gott ist nicht zuständig für das Glück, sondern für das Leben. Das aber ist mehr, unsagbar viel mehr!
Tagebuch vom 6. April 2005

Alle paar Jahre erwischt es mich. Dann werde ich plötzlich unruhig. Ich spüre, da kommt etwas Neues auf mich zu, etwas Altes, bisher durchaus Bewährtes trägt nicht mehr. Da stellt einer eine Frage, und ich komme ins Nachdenken. Da wächst eine Idee in mir heran und lässt mich nicht mehr los. Da werden Pläne durchkreuzt, und Neuorientierung steht an.

Aufbruch ist angesagt. Nicht immer freiwillig, nicht immer besonders lustvoll – oft mit Angst besetzt, mit Trauer und Abschied – und doch irgendwie reizvoll.

Die Zeit im ruhigen Hafen war schön. Jetzt lockt das Meer, das Neue, das Andere, das Unbekannte.

Vor
dem Wind

wenn
du
voran
kommen willst

dann musst du
den sicheren Hafen
der Bequemlichkeit
der Geborgenheit
der scheinbaren Ruhe
verlassen

wag dich
hinaus

stell dich
dem Wind

mach die Leinen los
bestimme den Kurs
richte die Segel aus
und trau dich

nur
wer losfährt
wird
ankommen

Jane war dabei eine meiner Lehrmeisterinnen. Sie ist ein paar Jahre älter als ich, kommt ursprünglich aus Polen, ist ziemlich sturmtauglich und lebenserprobt – und hat 140 Quadratmeter Segelfläche. Heute hat sie ihren Heimathafen in Wismar.

Kennen gelernt haben wir uns im Juni 2001. In meinem Urlaub wollte ich die Ostseeküste in den neuen Bundesländern erkunden und landete gegen Ende in Boltenhagen. An einem regnerischen, nassen Tag machte ich einen Ausflug nach Wismar, und als ich durch den Alten Hafen schlenderte, sah ich sie dort liegen und las das Schild: »Segeltörn in die Wismarer Bucht, Abfahrt 14.00 Uhr«. Aber irgendwie – es war mir zu kalt, zu nass, ich hatte keine Regenkleidung dabei und war sowieso schon durchgefroren.

Am Abend dachte ich nur: Andrea, du bist wirklich eine blöde Kuh. Dein ganzes Leben lang träumst du davon, mal mit einem größeren Segelschiff rauszufahren – und jetzt hast du die Chance, und es ist dir zu kalt und zu nass, und du hast nicht die richtigen Klamotten dabei. Könnte es sein, dass du alt wirst?

Keine Frage, am nächsten Tag stand ich pünktlich um Viertel vor zwei an der Jane in Wismar – und genoss den Törn unsagbar!

Während der Fahrt reichte Micha, der Skipper, Visitenkarten herum und wies auf Mehrtagesfahrten mit der Jane hin. Und als ich wieder zu Hause war, war eine meiner ersten Aktionen, im Internet die Website der Jane anzuklicken, Mehrtagesfahrten. Für Anfang August wurde ein Törn als Zubringer zur Hanse-Sail in Rostock angeboten, dem Treffen der Großsegler. Das wäre toll! Mit einem Segelschiff zum Treffen der Segelschiffe! Ich befragte meinen Terminkalender und den Pfarrer – und meldete mich kurzerhand an.

Aber je näher der Termin rückte, umso mehr Bauchweh bekam ich. Fünf Tage mit Leuten, die ich nicht kenne, auf engstem Raum beieinander? War ich denn des Wahnsinns? Und was, wenn Sturm käme? Oder fünf Tage Regen? Und dann noch ganz alleine? Ich schwankte zwischen Absagen und Hinfahren und war bis zum letzten Tag unentschlossen. Mach ich's – oder mach ich's nicht? Was würde da auf mich zukommen? Würde ich das packen?

Kneifen wollte ich eigentlich nicht; aber so rechte Urlaubsstimmung wollte auch nicht aufkommen. Und noch auf der Fahrt nach Mecklenburg-Vorpommern überlegte ich, ob ich jetzt nicht einfach eine Autopanne habe …

Mir half dann die Erinnerung an meine Fußwallfahrt nach Santiago de Compostela – sieben Wochen, auf die ich mich auch eingelassen habe, ohne zu wissen, was da auf mich zukommt. Ich habe es überlebt – und ich habe es nicht nur überlebt, sondern mir wurden Erfahrungen geschenkt, die mein Leben geprägt haben. Und mit einer gewissen Schicksalsergebenheit ging ich dann an Bord. Sozusagen mit dem Leben abgeschlossen – jetzt würde man sehen, was kommt …

Es wurden fünf unvergessliche Tage! Für mich war alles neu und fremd. Ich wusste ja noch nicht mal, ob ich seekrank werden würde. Und je neuer und fremder etwas ist, umso eher ist alles in mir bereit, die Eindrücke ganz offen aufzunehmen. Wenn ich nicht mit Angst reagiere, sondern mit Neugier …

Ich habe mich verliebt in diese Weite des Meeres und des Himmels, in die Wellen und das Singen des Windes in den Wanten. Ich habe unsagbar bewusst den Kontrast zwischen der Verlorenheit auf dem Meer und der Geborgenheit im Hafen erlebt – und die Sehnsucht, die einen am nächsten Morgen wieder in die Weite hinaustreibt. Und dass ein Schiff, vierzehn Meter lang, für fünf Tage zur Heimat werden kann, mit der man sich identifiziert, geborgen und aufgehoben weiß …

Am letzten Tag kämpften wir uns bei Windstärke acht und bis zu drei Meter hohen Wellen nach Rostock durch. Und mir war vollkommen klar: Wenn ich jetzt über Bord gehe, habe ich keine Chance. Die Wellen sind so hoch, dass mich schon zehn Meter entfernt vom Schiff keiner mehr sieht.

Als wir schließlich in Rostock angelegt hatten, tranken wir den Cognac etwas bewusster und saßen etwas enger beieinander.

Die einen leben, die anderen üben nur.
INGE MEYSEL
in dem Film »Das vergessene Leben«

und in den Wanten
pfeift der Wind

treu gewesen
und mich doch
herausfordern lassen

es immerhin probiert
und am Scheitern
nicht zerbrochen

manchmal
Boden unter den Füßen haben
und sich erden

manchmal
dem Himmel entgegenfliegen
mich in den Wind stellen

dem Stern trauen
und ihm nachgehen
und mich nicht verlieren

mich in eine Ecke verkriechen
und der Traurigkeit
Raum geben

meine Angst erkennen
ihr vertrauen
und ihr Grenzen setzen

mich hingeben
bedingungslos
und doch zurückschrecken

meinem Ärger
Worte geben
und es damit abhaken

mich erinnern
gelegentlich darunter leiden
und es doch für wichtig halten

tanzen
allem Tod zu Trotz
und gleichzeitig weinen

lachen
mit Tränen in den Augen
und mich spüren

sehnsüchtig sein
mehr wollen
mehr sein

und mich doch
nach Ruhe sehnen
und Geborgenheit

nach ankommen
und aufbrechen

und sein
und gehen

und manchmal
sekundenlang

in mir
Heimat spüren

und all dies
Gott hinhalten

Ihm geben
damit er es verwandelt

mich ihm geben
damit er mich verwandelt

gelebt
und nicht zu wenig

15. Dezember 2001

Ich kann mich entscheiden – für die Herausforderungen des Lebens oder die Bequemlichkeit. Für die Wanderschuhe oder die Pantoffeln. Für Rucksack oder Eigenheim. Wahrscheinlich braucht es beides in meinem Leben – das eine und das andere.

Die Pantoffeln und das Eigenheim haben etwas durchaus Verführerisches – und gerade weil der Aufbruch ins Neue und Unbekannte manchmal Angst machen kann, neige auch ich manchmal zu ihnen. Aber dann bleiben wir sitzen in der Schule des Lebens …

In unserer Gottesdienstordnung in Viernheim wird in der Regel auch der Bibeltext des kommenden Sonntags abgedruckt. Als ich neulich Korrektur las, hatte sich da ein wunderschöner »Verschreiber« eingeschlichen. Da stand doch tatsächlich im Text: »Jesus sagte: Vater, die Sünde ist da.« Die Bibelstelle war ein Abschnitt aus den Abschiedsreden bei Johannes, in der es aber heißt: »Vater, die Stunde ist da« (Johannesevangelium 17,1). Und jetzt war statt der Stunde also die Sünde da.

Ich hatte schallend über den Verschreiber gelacht und ihn mit ein wenig Bedauern korrigiert. Aber er hielt sich hartnäckig: Als ich am Samstagmorgen die Zeitung aufschlug, stand dort in aller Treue: Vater, die Sünde ist da. Man soll natürlich solche Verschreiber nicht überbewerten, die passieren jedem von uns, wenn zwischendrin dauernd das Telefon klingelt und Leute im Büro stehen. Und bei manchen Verschreibern nutzt natürlich auch das beste Rechtschreibprogramm überhaupt nichts. Aber – wenn ein Fehler sich so hartnäckig hält – vielleicht hat er doch irgendwas zu sagen?

Ja, die Sünde ist da – immer und um uns herum. Die Bitte »Und führe uns nicht in Versuchung« steht nicht umsonst im

Vaterunser. Aber viele verbinden mit dem Wort »Sünde« immer noch ein etwas antiquiertes Verständnis. Es geht nicht ums Naschen und das unandächtige Gebet, sondern »Sünde« meint eigentlich etwas viel Existentielleres. »Sündig« werde ich dann, wenn mein Leben nicht mit der Idee übereinstimmt, die Gott von mir gehabt hat. Und sich verfehlen kann man auch dadurch, dass man alle Gesetze und Gebote zwar treu befolgt, aber aus lauter Angst, »sündig« zu werden, nicht mehr lebendig ist, nichts mehr wagt, nichts mehr riskiert. Ulrich Schaffer sagt es sinngemäß einmal so: »Manche Menschen leben so in der Angst, sündig zu werden, dass sie sich gerade dadurch am Leben vergehen.«

Pfingsten – das ist die Gegenbotschaft. Der Geist Gottes sprudelt vor Lebendigkeit und will uns damit anstecken. Wenn der Geist Gottes zu uns kommt, dann können wir nicht mehr wie die Apostel damals uns hinter verschlossenen Türen und Fenstern verstecken, sondern dann drängt es uns hinaus ins Leben: Hoffnung und Freiheit, Freude und Lebendigkeit anstelle von Kleingläubigkeit und Ängstlichkeit. Dann geht es nicht darum, am Leben vorbei zu leben, aber auch nicht um spektakuläre Ereignisse, um »besser-als-der-andere-sein«, um Leben auf Kosten anderer. Wenn der Geist Gottes zu uns kommt, dann geht es darum, mich so zu sehen, wie Gott mich gemeint hat – und so zu leben, wie Gott es für mich gewollt hat. Seine Zusage heißt: »Leben in Fülle« oder: Lebendigkeit hier und jetzt!

Ja, die Sünde, nicht so zu leben, die ist da. Aber vielleicht lässt sich der Verschreiber einfach weiterdenken: »Die Stunde ist da, in der die Sünde, nicht gelebt zu haben, keinen Ort, keinen Platz, keinen Raum mehr bekommt!« Das ist Pfingsten – das Kommen des Geistes Gottes.

Wir werden nicht
für unsere Sünden bestraft
sondern durch sie.
ELBERT HUBBARD

Ich bekenne Gott, dem Allmächtigen,
und allen Brüdern und Schwestern …

manchmal
hat man vor lauter Alltag
das Wünschen verlernt

manchmal
sind die Träume
nicht groß genug

manchmal
gibt man sich mit dem zufrieden
was ist

manchmal
flüchtet man vor dem Chaos
in die scheinbare Ordnung

und verrät damit
die Idee die Sehnsucht
und das Leben

sich
selbst
und Gott

und dann sagt plötzlich einer
kommt wir trinken einen Champagner
beim Sonnenuntergang am Strand

wenn nicht geträumte Träume
plötzlich wahr werden
wird man

ein
wenig
nachdenklich

Dezember 2004

Ja, ich gebe zu: Von Champagner abends am Strand beim Sonnenuntergang hatte ich in meinem ganzen Leben noch nie geträumt. Aber wenn man im November mit Angelo und Billy Urlaub in Südafrika macht, dann können sogar Dinge wahr werden, von denen man noch nie geträumt hatte … Vielleicht träume ich manchmal wirklich noch zu klein?

Geträumt hatte ich jahrelang davon, mit Menschen zusammen zu leben, zu glauben und zu arbeiten – alles (oder – na ja – das meiste) miteinander. Nicht der Berufskollege dort, der Freund hier, der Mitchrist da. Es war eigentlich zu einer Vision geworden – zu einem Bild, wie ich mir die Zukunft vorstellte, meine Zukunft.

Erzwingen kann man so etwas nicht. Aber ein Bild davon zu haben, wie es sein könnte, kann dabei helfen, die Gelegenheit zu erkennen und beim Schopf zu fassen, wenn sie gerade unscheinbar und unauffällig an einem vorbeigehen will. »Ein Volk ohne Vision geht zugrunde«, so übersetzt Dorothee Sölle einen Vers aus dem Alten Testament. Dabei ist die Vision nicht unbedingt dazu da, dass sie buchstabengetreu so Wirklichkeit wird. Eine Vision will mir dabei helfen, meine Schritte auf ein Ziel auszurichten – und gegebenenfalls die Gelegenheit beim Schopf zu packen.

Und ich glaube, nur weil ich ein solches Bild vor Augen hatte, konnte ich am Palmsonntag 1998 Angelo die Frage stellen: »Was hältst du davon, wenn ich in die Gemeinde, die du übernimmst, mitkäme?«

Diese Vision hat mir hier in Viernheim in den beiden Pfarrgemeinden eine Zeit geschenkt, für die ich unsagbar dankbar bin. Aber viel wichtiger noch: Mir ist hier ein Stück Leben geschenkt worden – und ich wäre ohne dies um vieles ärmer. Ich habe Aufgaben bekommen, die mich herausgefordert haben. Ich habe Menschen gefunden, denen ich verbunden bin. Meine hohen und hehren Ideale mussten sich im Alltag bewähren. Ich habe Bodenkontakt bekommen – ohne dabei das Fliegen zu vergessen. Und mit Angelo gibt es einen Freund in meinem Leben, der mein Alltagsgesicht kennt, der als Priester mit mir vor Gott steht und mit dem zusammen ich hier die Herausforderungen tatkräftig anpacken kann. Ein Bild ist Wirklichkeit geworden – wenn auch anders als gedacht und erträumt. Und auch wenn uns der Alltag ab und an einholt und gelegentlich sogar rechts überholt … trotzdem!

Jetzt

um
wirklich
zu werden

braucht
eine
Vision

viele Träume
verrückte Ideen
und eine gewisse Beharrlichkeit

was leicht aussehen mag
ist Ergebnis harter Arbeit
vieler Gedanken

ist Frucht des Gebets
Tanz des Lassens
Zärtlichkeit des Seins

was
sich
ergibt

ist
weil es
war

und ist
weil es
sein wird

25. Oktober 1998

Ich musste lachen – auf dem Parkplatz vor dem Tagungshaus stand ein Auto mit dem Aufkleber »Lieber lebendig als normal«. Doch, den Aufkleber würde ich mir auch aufs Auto kleben …

Der Satz verfolgte mich noch während des Seminars, das unter dem Thema stand: »Aufbruch zu einem neuen Miteinander«. Vieles in unserer Kirche war ins Wanken geraten, es ging darum, neu den Weg zu suchen und zu finden.

Die Teilnehmer an dem Seminar konnten zulassen, dass das alte Bild nicht mehr trägt, dass die Zeit für etwas Neues, Anderes angebrochen war – wenn man auch noch nicht so genau zu sagen wusste, wie dieses Neue aussehen könnte. Und manchen tat dieser Abschied weh.

Aber da ist zugleich auf einmal unsagbar viel Leben und Lebendigkeit. Mich erinnerte es an die Stimmung, wenn am Morgen Rucksäcke gepackt und Zelte zusammengerollt werden, wenn man ein bisschen traurig um das erloschene Lagerfeuer herumsteht – und ahnt, dass die vergangene Zeit nicht mehr wiederkommen wird. Und doch, bei allem Abschied: Es lockt der Weg.

Genau das ist Aufbruch, Exodus. Aufbruch hat etwas mit Offenheit, mit ungewissem Ausgang zu tun. Man geht los, man traut sich einen Schritt ins Ungewisse, auch ins Ungeborgene hinein – und das ist nicht leicht. Es verlangt viel

Gottvertrauen, loszugehen, Kundschafter zu sein für Gott, Kirche und Gesellschaft. Das bringt Schmerzen, aber auch Lebendigkeit mit sich.

Ein Aufbruch ist kein Umzug. Bei einem Umzug ziehe ich von einem Haus in ein anderes. Bei einem Aufbruch dagegen verlasse ich die Sicherheit, um sie gegen eine vorläufige Unsicherheit einzutauschen. Keiner kann sagen, wohin der Weg führt.

Leben ist Aufbruch – ist der Weg ins Ungewisse. Manchmal scheitern Aufbrüche daran, dass man im Vorfeld so gerne das Ergebnis wüsste – aber dann ist ein Aufbruch kein Aufbruch mehr. Ein Aufbruch ist offen, und das Ergebnis ist nicht vorhersagbar – und damit mag der Aufbruch manchmal Angst machen. Neues aber kann erst wachsen, wenn ich aufgebrochen bin – so wie der Bauer das Feld umpflügt, den Boden aufbricht, um Neues wachsen zu lassen.

Jesus sagt von sich: »Ich bin der Weg!« und nicht: »Ich bin das Angekommen-Sein!« Man könnte das vielleicht auch so sagen: Weil ich heimgekommen bin in Gott, kann ich jeden Tag neu aufbrechen.

»Normal« in einem herkömmlichen Sinn ist das sicher nicht, aber lebendig – ganz bestimmt.

Ich bin Lust am Leben (1992)

In diesen Tagen im November 2004 in Scarborough in Südafrika kam ich viel zum Nachdenken – und Angelo und ich hatten endlich mal ein wenig Zeit, abseits vom Alltagsgeschäft zu überlegen, welche Möglichkeiten sich denn nach der Zeit in Viernheim bieten könnten.

Ich fand Angelos Fragen und seine Ideen nicht besonders beruhigend: Wirklich noch mal etwas anderes, etwas Neues? Muss das denn sein?

Irgendwie hatte ich es mir anders vorgestellt.

Ja, ich gebe zu: Ich war gerade mal wieder auf dem besten Weg zu Pantoffeln und Eigenheim und Lebensversicherung gewesen. Das sind alles Dinge, die ich durchaus schätze – aber mit 49 ist es vielleicht doch ein wenig zu früh, sich damit zufrieden zu geben.

Und ein wenig seufzend ließ ich mir mal wieder meine Bilder von »ein wenig ruhiger, ein wenig beschaulicher« durchkreuzen. Er hat ja Recht – und er kennt mich. Ich und ein ruhiges Leben? Vergiss es …

Eigentlich

ist Afrika
für mich kein Ort
kein Land

sondern
viel eher
ein Gefühl
eine Stimmung
eine Herausforderung
Hoffnung und
Erwartung

da kommt noch was
da gibt es noch was

mein Afrika
kann in Kapstadt sein
aber vielleicht auch
in Stockholm
oder Klein-Pasing

ich weiß nicht
wo mein Afrika sein wird

aber

ich bin bereit zum Aufbruch

Dezember 2004

Es ist gut so. Ich will es ja gar nicht anders haben. Ich habe nicht den Ehrgeiz, mit 100 Jahren möglichst gesund zu sterben, sondern für mich gilt mein Lebensmotto, ein Satz von Pablo Neruda, dem chilenischen Schriftsteller: »Ich bekenne, ich habe gelebt!«

Also – warum eigentlich nicht noch einmal aufbrechen und nicht bloß umziehen? Meine Entscheidung für diesen Gott und das Leben steht. Und die Wege, die Er mich geführt hat, waren sehr gute Wege. Ich habe nicht vor, Gott zu kündigen – und bei mir ist auch noch keine Entlassung angekommen.

Dann gehe ich also weiter den Weg, dankbar für das, was war, neugierig auf das, was sein wird – und im Vertrauen auf Gott. Und ich bin gespannt, was noch kommen wird …

Übergang

die Zeichen
mehren sich

das Boot
liegt schon am Ufer

Altes
trägt nicht mehr

weil Neues
wird

und ich
fange an

Abschied
zu nehmen

und wieder
brech ich auf

und lass
los

mit Protest
und unter Schmerzen

und einem ersten Ahnen
dass am anderen Ufer

andere Blumen
blühen

5. Juli 2002

Lebendigkeit

Angelo Stipinovich

»Bitte geben Sie Ihr Passwort ein …«

TAN-Nummer, PIN-Nummer, Passwort und Geheimnummer gehören mittlerweile zu unseren Alltagsgeschäften. Wir schaffen uns damit Zugang zum Bankkonto, Handy, Datenbanken und sichern dabei, dass Unbefugte aus der Privatsphäre unserer eigenen Elektronikwelt ausgeschlossen bleiben. Ich versuche immer, dafür Wörter oder Nummern zu nehmen, die sich einprägen lassen durch Erinnerungen an Ereignisse oder Menschen aus meinem Leben. Nur so kann ich mir diese geheimen Elektronikschlüssel merken.

Die Datenbank eines Menschenlebens ist aber keine einfache Datei. Sie wächst Tag für Tag, ja Stunde um Stunde. Das Leben selbst ist Inhalt; sie besteht aus Erfahrungen und Reflexionen darüber. Sie beinhaltet Dunkelheit und Freiheit, Dankbarkeit und Hoffnung, Heimat, Liebe und Hingabe und so unendlich viel mehr. Niemand hat je behauptet, dass das Leben einfach ist. Wie die Passwörter in der Elektronikwelt, so gehören Menschen und Ereignisse zu bestimmten Schlüsselerlebnissen unseres Mensch-Seins … und die Erinnerung daran und die Reflexion über den eigenen Weg ermöglichen den Zugang zur Seele.

Andrea Schwarz wird fünfzig. Sie ist dem Leben noch immer auf der Spur. Sie ist eine Frau, die in Beziehung zum Leben steht. Sie liebt und leidet, sie hofft und zweifelt. So kenne ich sie. Aber weil sie im wahrsten Sinn des Wortes Gottvertrauen besitzt, ist sie trotz allem und vielleicht deswegen lebendig. Lebendigkeit ist für sie Programm. Und falls Gott mittlerweile TAN-Nummer, PIN-Nummer, Passwort und Geheimnummer im Himmel eingeführt hat, und falls er bei Andrea am Himmelstor ein Passwort als Zugang zum ewigen Leben verlangt, dann wird es LEBENDIGKEIT sein! Denn über Lebendigkeit zu schreiben ist ein Widerspruch in sich. Lebendigkeit kann nur gelebt werden. Zu Risiken und Nebenwirkungen …

Angelo Stipinovich

Ein Blick hinter die Kulissen …
… manche sagen Nachwort dazu

Ich bin sehr froh darüber, wie dieses Buch jetzt geworden ist – aber es war für mich nicht einfach.

Und die Freunde und all diejenigen, die mich ein bisschen näher kennen, haben diesen Kampf, diese Auseinandersetzung durchaus mitbekommen. Wie persönlich wird man, ohne sich selbst zu sehr in den Vordergrund zu stellen, und schafft es dennoch, etwas zu sagen? Wie offen muss man manchmal bleiben, um Menschen – und auch mich! – zu schützen?

Die Arbeit an diesem Buch war eine Gratwanderung, über Monate hinweg, in denen ich um jeden freien Abend gekämpft habe – denn das Buch ist zu einer Bestandsaufnahme meines Lebens geworden. Es wurden unzählig viele Erinnerungen wach – und manchmal tat das auch weh.

Die Idee, Menschen zu bitten, zu den jeweiligen Kapiteln einen Kommentar, eine Antwort zu schreiben, kam von Angelo. Und da waren mir keine großen Namen wichtig – da wollte ich die Freunde und Wegbegleiter einbeziehen. Und genau das wurde sehr spannend! Eher intuitiv schaute ich, welches Stichwort passt zu welchem Freund – und als ich dann auf die Liste schaute, ergab sich zugleich eine zeitliche Reihenfolge. Willi Hübinger, der die Antwort zum ersten Kapitel »Gott« geschrieben hat, ist derjenige, den ich am längsten kenne – und mit Angelo

Stipinovich, der das letzte Kapitel »Lebendigkeit« übernommen hat, arbeite ich hier und jetzt zusammen. Außer Angelo kannte keiner der anderen, die ich für eines der Kapitel anfragte, die jeweils anderen neun – und als dann so eine Antwort wie die von Erhard Bechtold auf das Kapitel »Dunkelheit« eintraf, bekam auch ich eine Gänsehaut …

Den Titel für das Buch habe ich aus meinem letzten Urlaub in Südafrika mitgebracht – Urlaubstage, die für mich sehr entscheidend waren. »Keep track of your path«, ein kleiner, brauner Zettel mit diesem Hinweis fiel mir am Neujahrstag wieder in die Hände. Er stand auf einem Notizbuch in der Unterkunft in einem Wildreservat in Südafrika, wo ich die letzten Urlaubstage verbrachte. Und im Geheimen übersetzte ich ihn für mich mit »Bleib dem Leben auf dem Spur!« – und dachte damals noch: Eigentlich wäre das ein schöner Titel für das Jubiläumsbuch!

Und als dann noch mein Lektor im Verlag Herder mir zum ersten Mal den Vorschlag für das Titelbild zeigte, dachte ich nur: Ja, es passt! Genauso verrückt ist mein Leben, von dem dieses Buch erzählt: Immer wieder steht was auf dem Kopf, man muss zweimal hinschauen – und erst eine kleine Ente hilft mir manchmal, die Perspektive wieder neu zu sehen. So ist mein Leben – und so ist Lebendigkeit!

Die Geschichte dieses Buches ist ein Ausschnitt aus meinem Leben. Wie dieses Buch entstanden ist und was in diesem Buch steht, sagt etwas über mich aus. Ich mag es verstanden wissen als mein persönliches Zeugnis von diesem Leben und von diesem Gott.

Ich möchte damit Mut machen zum Leben! Und ich glaube: Das ist die einzige Begründung, die für mich als Grund für dieses Buch überhaupt zählt – so persönlich, wie es geworden ist: zum Leben ermutigen!

Ich möchte »danke« sagen – danke für 50 Jahre gelebtes Leben, danke für die 20 Jahre, in denen ich Autorin beim Verlag Herder bin – danke für die Menschen, die mich begleitet haben und begleiten, danke für Sie als Leserin und Leser – und:

Ein Danklied sei dem Herrn
für alle seine Gnade;
er waltet nah und fern, kennt alle unsre Pfade.
Ganz ohne Maß ist seine Huld
und allbarmherzige Geduld.
Gib dich in seine Hand mit innigem Vertrauen;
sollst statt auf eitel Sand auf echten Felsen bauen,
dich geben ganz in Gottes Hut,
und sei gewiss, er meint es gut.

GUIDO MARIA DREVES

Danke fürs Mitgehen! Und ich wünsche uns, Ihnen und mir, weiterhin viel Lebendigkeit!

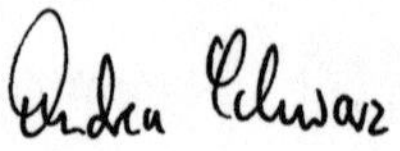

Es gibt Menschen, ohne die ich nicht die geworden wäre, die ich heute bin. Deshalb möchte ich danke sagen:

meinen Eltern
Frau Hoffmann und Herrn Berg, den »alten Paukern«
Pater Helmut Schlegel
Willi Hübinger und der damaligen KJG-Diözesanleitung
Thomas Bickel – Werner Tzscheetzsch
Andreas Ochs – Bernhard Spörlein
Herbert Euschen und Ursula Geißner
Rudolf Göser – Peter Kohl
Klaus Rapp und Heiner Wilmer
Michael Baunacke – Paul Hüster
Albin Krämer – Christiane und Martin
den Freunden aus Viernheim
Uli Sander
und vor allem – Billy und Angelo
die mich derzeit ertragen
und gelegentlich probieren
mich zu etwas Neuem anzustiften

danke Euch allen
und danke all denen
die mit einem Brief
einer Frage
einem Gespräch
meinem Leben
eine Richtung
gegeben haben

Quellenangaben

Text auf S. 21: Auszug aus: Madeleine Delbrêl, »Der Ball des Gehorsams«, in: Madeleine Delbrêl, Wir Nachbarn der Kommunisten. Diagnosen. Übersetzt und mit einem Vorwort von Hans Urs von Balthasar © Johannes Verlag Einsiedeln 1975.

Text auf S. 55–57: aus: Paulo Coelho, Der Dämon und Fräulein Prym © Diogenes Verlag Zürich 2001.

Text auf S. 66: Auszug aus: Hilde Domin, »Herbstzeitlosen«, in: Hilde Domin, Nur eine Rose als Stütze © S. Fischer Verlags GmbH, Frankfurt am Main 1959.

Text auf S. 85 und S. 119–120: aus: Sándor Márai, Himmel und Erde © Piper Verlag GmbH, München 2001.

Text auf S. 163: aus: Luise Rinser, Mitte des Lebens. Roman © S. Fischer Verlags GmbH, Frankfurt am Main 1952.

ANDREA SCHWARZ

Inspirierende Lebensimpulse

Und jeden Tag mehr leben – Ein Jahreslesebuch

400 Seiten, gebunden in Halbleinen, mit Lesebändchen

ISBN 3-451-28228-3

Diese Texte für jeden Tag des Jahres machen Mut, dem eigenen Leben Zeit und Aufmerksamkeit zu schenken. Auf sehr persönliche Weise bringen sie den Glauben als eine Einladung nahe, eigene Schritte ins Leben zu wagen, damit aus Zeit – Leben wird.

Ich mag Gänseblümchen – Unaufdringliche Gedanken

Jubiläums-Sonderausgabe, 112 Seiten, Paperback

ISBN 3-451-28818-4

Der Bestseller von Andrea Schwarz! Das Geheimnis dieser kurzen, einfachen Texte ist das der Gänseblümchen: Aus dem Alltag heraus und für den Alltag schreibt Andrea Schwarz unaufdringliche Gedanken, die zu lesen oder zu hören einfach gut tut.

Kleine Drachen sind eben so

Die Märchen vom Drachen Hab-mich-lieb und seinen Freunden

160 Seiten, gebunden – ISBN 3-451-28238-0

Die beiden Erfolgstitel »Der kleine Drache Hab-mich-lieb« und »Kater sind eben so« in einer preiswerten Geschenk-Ausgabe. Diese köstlichen Märchen machen Mut, sich mit dem Vorgegebenen nicht zufrieden zu geben und der eigenen Sehnsucht einen Platz einzuräumen.

Vom Engel, der immer zu spät kam

Meine schönsten Weihnachtsmärchen

128 Seiten, gebunden in Halbleinen, mit Lesebändchen

ISBN 3-451-26461-7

Moderne Weihnachtsmärchen, wie es nur wenige gibt: fröhlich und frech, anrührend und amüsant, heiter und hintergründig. Illustriert von Jules Stauber verspricht dieses Buch ein wahrhaft himmlisches Lesevergnügen.

Wenn Chaos Ordnung ist

144 Seiten, Paperback – ISBN 3-451-28116-3

Manches Chaos kann und darf sein, ja ist vielleicht sogar notwendig, um neue Lebensphasen zu ermöglichen. Solange alles in Ordnung ist, muss man nicht reagieren, braucht man nichts zu machen. Das Chaos ist das Andere, das, was plötzlich Gefühle, Reaktionen, Bewegung hervorruft. Und dass das mit dem Chaos so ist – das wiederum ist ganz in Ordnung. Um nicht weniger geht es in diesem Buch.

Die Sehnsucht ist größer

Vom Weg nach Santiago de Compostela

192 Seiten, gebunden – ISBN 3-451-28404-9

Reflexionen und persönliche Bekenntnisse verwandeln diesen Pilgerbericht in einen spirituellen Schatz, der Mut zur eigenen Sehnsucht macht und so zum Pilgerweg des Herzens einlädt.

ANDREA SCHWARZ

Spirituelle Impulse

Wie ein Gebet sei mein Leben

Exerzitien im Alltag

144 Seiten, Paperback – ISBN 3-451-27868-5

Andrea Schwarz bietet die Möglichkeit, mitten im Alltag Kraft zu schöpfen und sich über einen Zeitraum von fünf Wochen täglich »stille Zeiten« des Innehaltens und des Gebets zu gönnen. Dabei werden an 40 Tagen die vielfältigen Aspekte des Betens erschlossen.

Die Bibel verstehen in 25 Schritten

Ein Durchblick-Buch für Neugierige

144 Seiten, zweifarbig, Paperback – ISBN 3-451-28534-7

Das Buch für Bibel-Einsteiger: es setzt nichts weiter voraus als die Neugier, (endlich) zu wissen, was es mit dem »Buch der Bücher« auf sich hat. Eine verständliche und unterhaltsame Einstiegshilfe mit dem Ziel, die Bibel aus dem Regal zu holen und als Lebensbuch zu entdecken.

Unterwegs mit einem Engel

Mit dem Buch Tobit durch die Fastenzeit bis Ostern

160 Seiten, gebunden mit Lesebändchen – ISBN 3-451-28380-8

Von Aschermittwoch bis Ostermontag führt dieser Fastenbegleiter Tag für Tag durch die wundersame Geschichte des biblischen Buches Tobit. Aus den jahrtausendealten Texten gewinnt Andrea Schwarz überraschende aktuelle Impulse für ein geistliches Leben heute.

zusammen mit Angelo Stipinovich

Wer leben will wie Gott

Ein Kreuzweg. 96 Seiten, gebunden, vierfarbig – ISBN 3-451-28669-6

Angst und Ohnmacht, aber auch Begegnung, Hilfe und Hoffnung auf neues Leben: Andrea Schwarz erschließt zusammen mit Angelo Stipinovich den Kreuzweg Jesu als Weg unseres Lebens. Mit fünfzehn Bildern des zeitgenössischen südafrikanischen Künstlers William Edward Pieters.